FACULTÉ DE DROIT DE CAEN

DE L'ADMINISTRATION DU TUTEUR DE L'IMPUBÈRE

EN DROIT ROMAIN

DES FONCTIONS DU TUTEUR ET DU GARDIEN

EN DROIT FRANÇAIS

THÈSE POUR LE DOCTORAT

SOUTENUE PUBLIQUEMENT

Le vendredi 16 décembre 1881, à 3 heures du soir

PAR

Paul TROUARD-RIOLLE

PARIS

ALPHONSE DERENNE

Boulevard Saint-Michel, 52

1881

FACULTÉ DE DROIT DE CAEN

DE L'ADMINISTRATION DU TUTEUR DE L'IMPUBÈRE

EN DROIT ROMAIN

DES FONCTIONS DU TUTEUR ET DU GARDIEN

EN DROIT FRANÇAIS

THÈSE POUR LE DOCTORAT

SOUTENUE PUBLIQUEMENT

Le vendredi 16 décembre 1881, à 3 heures du soir

PAR

Paul TROUARD-RIOLLE

PARIS

ALPHONSE DERENNE

Boulevard Saint-Michel, 52

1881

SUFFRAGANTS :

MM. CAREL, *professeur*,
    TOUTAIN,   »   *président*,
    VAUGEOIS, »
    LAISNÉ-DESHAYES, *agrégé, chargé de cours*,
    LE GOST, *chargé de cours*.

DROIT ROMAIN

DE L'ADMINISTRATION DU TUTEUR DE L'IMPUBÈRE

CARACTÈRE GÉNÉRAL DE LA TUTELLE

Tutela est, ut Servius definivit, vis ac potestas in capite libero, ad tuendum eum qui propter ætatem se defendere nequit, jure civili data ac permissa.

Cette définition, que Servius donnait de la tutelle, avait été corrigée par les rédacteurs des Institutes qui l'avaient mise exactement en rapport avec le dernier état du droit sous Justinien. Servius, qui écrivait vers la fin de la République romaine, disait : *propter ætatem aut sexum*. Les mots « *aut sexum* » eussent été, sous Justinien, un anachronisme. Les anciens avaient voulu que les femmes, même d'un âge parfait, fussent en tutelle perpétuelle à cause de la légèreté de leur esprit : « *Propter animi levitatem* », Gaïus, I. § 144. Ulpien nous dit que c'est à cause de la fragilité de leur sexe et de leur ignorance des affaires : « *Propter sexus infirmitatem et propter forensium rerum ignorantiam* » (Ulp. Reg. XI, § 1).

La tutelle des femmes, fondée sur une incapacité de création légale, avait été inspirée par une pure idée de défiance contre elles. On voulait les empêcher de laisser leurs biens à leurs maris et à leurs enfants, au préjudice de leurs agnats.

Dès les premiers temps de l'Empire, cette institution tomba en désuétude, et la protection qu'on croyait devoir accorder à la femme à cause de son inexpérience des affaires et qui résultait pour elle de l'*auctorictas tutoris*, fut remplacée par une mesure plus juste, par les dispositions du sénatusconsulte Velleien.

La tutelle des impubères était au contraire si bien imposée par l'impuissance où l'enfant se trouve réduit de défendre ses intérêts, qu'elle devait se maintenir et se dévolopper dans toutes les législations.

Toutefois, dans les premières années de Rome, la tutelle n'était pas considérée comme un devoir, comme une charge imposée à celui qui en était investi, mais plutôt comme un droit illimité conféré au tuteur et dans son unique intérêt ; il n'était même pas contraint d'administrer (§ 3, *de Atil. tut.*, Inst., I, 20). Son intérêt, bien entendu, était le plus sûr garant d'une sage administration, puisque la règle était que : *ibi emolumentum successionis ubi onus tutelæ* ; mais il arriva trop souvent que le tuteur sacrifiait à la conservation de ses propres espérances les vrais intérêts de la personne qu'il devait protéger, aussi finit-on par réagir contre cette conception fausse, et les règles de la tutelle furent-elles déterminées par l'intérêt unique du pupille.

Ce ne fut que plus tard que ces principes furent admis et que la tutelle fut considérée comme une charge publique pesant sur celui qui en est investi avec sa lourde responsabilité et ses devoirs rigoureux.

« *Tutela est vis ac potestas.* » Ces mots de notre définition de la tutelle semblent former un pléonasme comme nous en trouvons plusieurs dans d'autres textes du droit romain. Ainsi, le jurisconsulte Celsus dit : « *Scire leges non hoc est verba earum tenere, sed vim ac potestatem.* » (L. 17, D. 1, 3).

Certains auteurs désignent par *vis* le pouvoir exercé par le tuteur sur la personne du pupille, par *potestas*, le pouvoir sur ses biens ; pour d'autres, « *vis* » se référerait à l'une des fonctions du tuteur, l'administration ; et *potestas* à son autre fonction, l'*interpositio auctoritatis*.

La réunion de ces deux mots forme, à notre avis, une de ces expressions toutes faites, comme la langue juridique et aussi la langue littéraire en donnent de nombreux exemples ; mais, l'expression dans son ensemble ne veut dire rien de plus que le mot *potestas* employé seul.

Il ne faut pas d'ailleurs confondre le pouvoir conféré au tuteur avec la « *potestas* » du père de famille.

Ici le mot « *potestas* » n'a pas le sens qui lui est généralement donné et bien que certains textes disent du tuteur qu'il est « *loco domini* » ou « *quasi proprius parens pu-*

pilli » (Frag. Vatic. § 204), il n'en faut pas conclure qu'il détienne le véritable « *jus* », la véritable « *potestas* » dans le sens propre.

La puissance paternelle emporte un pouvoir de commandement et confère une espèce de juridiction ; le père de famille a sur la personne de ses enfants le *jus vitæ necisque*, et l'histoire nous donne des exemples de cas où cette règle barbare fut appliquée. Le tuteur au contraire ne possède aucun droit de juridiction ; y a-t-il lieu de punir l'individu en tutelle, c'est la famille qui déterminera la punition à infliger. Aussi la tutelle peut contrairement aux principes du « *jus* » sur des personnes libres, non-seulement appartenir à plusieurs personnes en même temps sur le même individu, mais encore appartenir à des personnes « *alieni juris* ». La tutelle, en effet, étant une charge publique, peut être imposée à tous ceux qui y sont soumis, conséquemment les fils de famille n'en sont pas plus exempts que leurs pères (Inst. I, 14, pr.).

En second lieu, cette puissance paternelle était organisée dans l'intérêt du père et non dans une vue de protection pour l'enfant. Ce que l'enfant acquérait appartenait au père, et les fils de famille comme les esclaves étaient incapables d'avoir un patrimoine. La tutelle au contraire était, au moins dans le dernier état du droit, organisée dans l'intérêt de l'incapable et le protégeait contre sa propre inexpérience ; elle ne lui enlevait pas la capacité juridique d'avoir des biens.

Enfin la puissance paternelle s'exerçait sur le fils à tout

âge : la mission du tuteur cessait au contraire quand cessait le besoin de protection.

La question de savoir si la tutelle dérive du droit naturel ou du droit civil offre certaine difficulté en présence des textes qui semblent se contredire. Servius dit en effet que la tutelle est « *jure civili data ac permissa* ». *Data* quand la loi désigne elle-même le tuteur ; *permissa* quant elle confère au père de famille le droit de désigner dans son testament le tuteur de l'enfant qui, après sa mort en aura besoin. Il semble donc, d'après ce texte, que la tutelle doit être considérée comme une institution du droit civil.

Gaïus au contraire (1, § 189), et Justinien (Inst. I, 20, § 6), déclarent la tutelle des impubères conforme à la raison naturelle.

Il est facile de concilier ces textes. En effet, il est certain que la tutelle des impubères est une institution du droit naturel, parce qu'il est conforme à la nature que les enfants soient protégés et parce qu'on la retrouve chez tous les peuples. Mais la loi romaine a réglementé elle-même la tutelle, et sous ce point de vue, il est vrai de dire qu'elle est une institution du droit civil romain.

A l'appui de cette doctrine on ne peut pas invoquer le classement de la tutelle parmi les charges publiques, parce qu'il suffit pour les remplir d'être sujet de Rome, sans être citoyen romain. Mais on peut citer un texte où Modestin nous dit que la tutelle n'est pas un « *munus provinciale* », c'est-à-dire une fonction permise au pérégrin (D., 27, I, L. 6, § 15).

Dans le même sens on peut encore argumenter de ce que la perte du droit de cité par le pupille ou par le tuteur fait cesser la tutelle, soit absolument dans le premier cas, soit « *a parte tutoris* » dans le second.

Les Latins Juniens peuvent, il est vrai, exercer la tutelle (Frag. Vat. § 193) ou y être soumis (Gaïus, I, § 167), mais leur condition se caractérise précisément par une jouissance partielle des avantages attachés au droit de cité.

Quant à la tutelle des femmes elle n'était pas une institution du droit des gens, mais du droit civil : il n'est pas conforme en effet à la nature que les femmes soient toute leur vie en tutelle ; aussi la tutelle naturelle des femmes ne se rencontrait pas chez les autres peuples de l'antiquité.

L'étude du texte emprunté à Servius par Justinien nous permet de définir la tutelle : une charge publique, personnelle, conférant à une personne désignée soit directement par la loi, soit en vertu d'une disposition de la loi, les pouvoirs nécessaires à l'effet de protéger un impubère « *sui juris.* »

Il importe de savoir, tout d'abord, que le pupille romain n'emprunte pas comme le pupille français le domicile de son tuteur ; les obligations de celui-ci n'ont trait qu'au patrimoine de l'enfant et nullement à sa personne. La direction morale de l'incapable est confiée, par le préteur ou le président de la province, sur la demande soit du tuteur, soit des parents, alliés ou amis du mineur, à une personne qui est chargée de veiller à sa garde et à son éducation. Le rôle du tuteur se borne en ce cas à verser entre les mains de la personne ainsi choisie les sommes nécessaires à la dépense ordinaire du pupille.

Les conditions de l'éducation du pupille sont d'ailleurs déterminées par un titre spécial au Dig. (*Ubi pupillus educari*. L. 27, tit. II).

Ainsi tandis qu'en droit français le tuteur est donné à la personne et aux biens de l'incapable, en droit romain il est seulement donné à ses biens. L'adrogation nous fournit cependant l'exemple d'une dérogation à ce principe général ; l'empereur Antonin-le-Pieux, par un rescrit adressé au collège des Pontifes, permit d'une manière générale l'adrogation des impubères en la soumettant à des règles particulières au nombre desquelles nous trouvons la nécessité de l'«*interpositio auctoritatis*» du tuteur ou des tuteurs, s'il y en a plusieurs (L. 5, C. *de Auct. præst.* 5, 59). Il est vrai que cette adrogation touche au plus haut degré aux intérêts pécuniaires de l'enfant et que l'intervention du tuteur a aussi bien pour cause la bonne administration de sa fortune que l'obligation pour lui de prendre soin de sa personne.

Sauf cette unique restriction les obligations et les pouvoirs du tuteur n'ont donc trait qu'au patrimoine.

Ce principe n'est pas contredit par la règle de Marcien (S. 14, D. 26, 2) reproduite par Justinien aux Inst. (L. 1, 14, § 4) : « *Personæ, non rei vel causæ tutor datur.* » Cela ne veut pas dire que le tuteur est chargé de prendre soin de la personne morale, intellectuelle du mineur et qu'il n'a pas à s'occuper de sa fortune, de ses intérêts pécuniaires.

Pour bien comprendre cette règle, il faut rechercher à quelle occasion elle a été formulée au Digeste. Ulpien vient de dire que « *certarum rerum vel causarum testamento tutor dari non potest, nec deductis rebus* » (L. 12, D. 26, 2). Pomponius ajoute : « *et si datus fuerit, tota datio nihil valebit* » ; Marcien nous donne alors la raison, en formulant la règle. « *Quia personæ, non rei vel causæ datur.* » Enfin Ulpien ajoute : « *Si tamen tutor datur rei Africanæ, vel rei Syriaticæ, utilis datur est.* »

La règle de Marcien signifie donc : l'administration du tuteur ne peut être divisée, elle est confiée à un seul tuteur, à moins qu'il n'y ait des biens éloignés. Attaché à la personne juridique du pupille incapable, le tuteur la complète ; il ne s'occupe de ses biens que par contre-coup et, dans cette hypothèse, c'est de l'ensemble de ses intérêts pécuniaires et non de telle affaire déterminée qu'il s'occupe.

Justinien a fondu ensemble ces différents textes et est arrivé, en les remaniant, à leur donner un sens plus précis.

Notre explication de la règle de Marcien n'est pas contredite non plus par le jurisconsulte Paul, quand il dit que le tuteur « *moribus pupilli præponitur* » (L. 12, § 3, D. 26, 7). Dans ce texte Paul s'occupe des dépenses que le tuteur doit faire pour l'instruction du pupille ou à l'occasion de divers événements de famille. Paul n'entend évidemment parler par ces mots « *præponitur moribus* » que des fonctions pécuniaires du tuteur : la conclusion à en tirer

est que le tuteur ne doit pas, par un étroit esprit d'éco-
nomie, empêcher le pupille de recevoir une éducation conforme à sa fortune.

La règle : « *Tutor personæ datur* » sert aussi à indiquer une des différences qui existe entre le tuteur et le curateur ; le premier assistant le pupille, augmentant par sa
présence à l'acte la personne juridique du pupille, le curateur au contraire accordant son *consensus*, sa ratification
aux actes antérieurement passés par l'incapable.

Le tuteur est donc chargé de prendre en main les intérêts pécuniaires du pupille, et pour remplir sa fonction il
complète sa personnalité juridique.

L'administration du tuteur romain n'a pas été entourée
d'aussi nombreuses garanties que celle du tuteur français ;
il est vrai que pour sa nomination on a exigé des formalités protectrices et que sa gestion entraîne une lourde
responsabilité, mais nous ne trouvons pas auprès du tuteur
romain comme auprès du tuteur français un conseil de
famille et un subrogé-tuteur investis d'une mission de contrôle et de surveillance. Tout au plus, trouvons-nous, dans
des hypothèses exceptionnelles, l'intervention d'un magistrat. Il a donc des pouvoirs plus étendus qu'en droit
français, bien que des garanties de toute espèce aient été
successivement créées pour protéger la situation du pupille.

Le tuteur est donc appelé seul à subvenir à l'incapacité
de l'impubère « *sui juris* ». Mais quelle est la mission qui
lui est confiée ? jusqu'où s'étendent ses pouvoirs d'administration ? Son autorité a-t-elle des limites ? Il semblerait que

la tutelle venant suppléer à l'incapacité de l'impubère, le but à atteindre fût de donner à l'incapable assisté de son tuteur la même capacité qu'au pubère lui-même. Il n'en est rien cependant et il n'en pouvait être ainsi.

Que le pubère soit pleinement capable de disposer comme il l'entend de son patrimoine, qu'il puisse dissiper sa fortune en folles dépenses, se ruiner en libéralités excessives, rien de mieux ; tant qu'il restera sain d'esprit, tant qu'on ne demandera pas son interdiction comme prodigue, il restera le maître d'abuser de la liberté que lui accorde la loi. La loi n'avait garde de protéger les personnes capables contre leur propre faiblesse ; c'est à elles à user sagement des libertés que la loi leur garantit.

Le tuteur au contraire ne pouvait jouir d'une semblable liberté d'action sur le patrimoine du pupille ; il ne peut disposer d'une fortune qui ne lui appartient pas et les donations doivent émaner du vrai propriétaire ; il n'est pas admissible non plus que le tuteur puisse se livrer à des spéculations téméraires ou à des dépenses insensées. La législation l'a compris et son but a été d'arriver par la tutelle à une sage administration des biens du pupille. De là les obligations imposées au tuteur qui peuvent se résumer en cette obligation principale : conserver intact et si c'est possible augmenter le patrimoine du pupille. Cette obligation pèse sur lui du jour même où il connaît sa qualité ; sinon, du jour où l'excuse a été définitivement rejetée (L. 1, § 1, D. 26, 7), et elle trouve sa sanction dans le compte qu'il doit rendre une fois dessaisi.

Nous allons d'abord examiner quelles obligations sont imposées au tuteur avant son entrée en fonctions ; elles ont pour but d'assurer au pupille la restitution de sa fortune et servent de base au compte de tutelle.

Nous étudierons ensuite les attributions du tuteur et les systèmes que la législation romaine a organisés pour mettre le tuteur dans la possibilité d'accomplir la mission qui lui est confiée.

Nous rechercherons ensuite les effets des actes passés par celui-ci tant à l'égard du pupille qu'à l'égard des tiers.

CHAPITRE I

Dans l'intérêt du pupille comme dans l'intérêt du tuteur lui-même certaines obligations spéciales sont imposées au tuteur.

§ I.

C'est d'abord la nécessité pour lui de dresser un inventaire fidèle et exact des biens du pupille. Avant d'avoir rempli cette obligation, le tuteur ne pouvait faire aucun acte de gestion, « *nisi id quod dilationem nec modicam expectare possit* » (D., 26, 7, L. 7, pr.). L'omission de cet acte destiné à servir de base au compte de tutelle, entraîne pour le tuteur le risque d'une condamnation supérieure aux valeurs par lui reçues, le montant de ces valeurs devant être déterminé un peu au hasard, soit par le juge, si l'omission a été le résultat d'une simple négligence, soit par le pupille lui-même, s'il y a eu dol. Cette obligation prend de nouveau naissance toutes les fois que le pupille recueille une succession ; il est difficile d'expliquer l'exception introduite par Justinien, au profit du tuteur choisi par le testateur et qui peut être expressément dispensé de la nécessité de faire inventaire.

Cet inventaire (*repertorium ac inventarium*) devait être fait *sub præsentia personarum publicarum* (L. 24 C., 5, 37). Nous ne savons pas quelles étaient ces « *personæ publicæ* », mais nous estimons qu'elles sont les *tabularii* ou magistrats municipaux chargés de tenir les registres des actes juridiques et les comptes des finances de la cité. On les nommait, aussi : « *calculatores* » *calculatores vel tabularii* », dit Ulpien au Dig. (50, 13, L. 1 § 6.).

Nous avons dit ci-dessus que le tuteur pouvait être dispensé dans le testament qui le nomme d'inventorier la fortune du pupille, c'est ce que nous apprend Justinien : « *Nisi testatores qui substantiam transmittant specialiter inventarium conscribi vetuerint* » (L. 13, § 1, C. 5, 51).

Ce même texte nous fait connaître à quoi s'exposaient les tuteurs qui manquaient à leur obligation de dresser inventaire : « *Scituris tutoribus, quod si inventarium facere neglexerint : et quasi suspecti ab officio removebuntur et pœnis legitimis quæ contra eos interminatæ sunt, subjacebunt : et postea perpetua macula infamiæ notabuntur, neque ab imperiali beneficio absolutione hujus notæ fruituri.* »

§ II.

Avant d'entrer en fonction, le tuteur doit promettre personnellement « *rem pupilli salvam fore* », et fournir un ou plusieurs fidéjusseurs pour garantir l'exécution de cette promesse. De cette façon, son insolvabilité n'atteindra pas le pupille.

Il existe cependant deux classes de tuteurs qui sont dispensés de cette obligation ; ce sont les tuteurs testamentaires et ceux qui ont été désignés par un magistrat supérieur, consul, préteur ou président de province. Les premiers qui ont été choisis par le testateur, sont évidemment dignes de la mission de confiance dont ils sont investis, et la faveur dont ils ont été l'objet est une garantie suffisante de leur bonne administration : « *fides eorum et diligentia ab ipso testatore probata est* (Gaïus. C. 1, § 200). »

On tient encore pour dispensés de fournir caution, le tuteur choisi dans le testament de la mère et dont la nomination pour être valable a besoin d'être confirmée par décret du préteur ou du proconsul ; c'est ce que nous apprend Nératius (D. L. 2, pr. 26, 3).

Pour les tuteurs nommés par les magistrats supérieurs, l'enquête a justement été établie comme équivalent de la sûreté de la caution et on les en dispense « *quia satisidonii electi sunt* », dit Gaïus (C. I, §200). Dans ce texte il n'est question que des *curatores* ; mais il est bien certain que cette règle s'applique aussi aux tuteurs et les Instilutes de Justinien reprenant ce principe ne distinguent pas (Inst. 1, 24, § 2).

Tous autres tuteurs demeurent, en principe, tenus de fournir caution ; en étaient donc tenus les tuteurs légitimes, judiciaires et ceux nommés « *sine inquisitione* » par les magistrats municipaux ; toutefois, Ulpien nous apprend que, « *cognita causa* » par le préteur, le patron et les agnats du patron pouvaient en être dispensés « *ut si persona honesta sit remittatur ei satisdatio et maxime si substantia modica sit . si autem patroni persona vulgaris, vel minus honesta sit, ibi dicendum est satisdationem locum habere* (D. L. 5, § 1, 26, 4).

Les raisons pour lesquelles le patron et ses enfants peuvent être dispensés de fournir caution, existent également pour le père émancipateur, aussi croyons-nous que le préteur peut « *causa cognita* » le dispenser de la caution. L'émancipation est un affranchissement et les sentiments d'affection qui paraissent une garantie suffisante pour dispenser le patron de fournir caution, se retrouvent plus légitimes encore pour le père émancipateur. D'ailleurs, l'enfant émancipé n'en reste pas moins dans un état de subordination vis-à-vis de son père, ce qui serait inconciliable avec une semblable obligation.

L'obligation de fournir la caution « *rem pupilli salvam fore* » ne fut pas toujours imposée aux tuteurs. Les lois Atilia et Julia Titia ne s'étaient pas occupées des garanties nécessaires pour assurer la conservation des biens des pupilles (Inst. § 3, *in fine*, 1, 20). A l'époque de Gaïus, le préteur prend soin de faire donner caution aux tuteurs et curateurs en cette qualité, afin que les biens des pupilles et de ceux qui sont en curatelle ne soient pas dissipés ou diminués par ces tuteurs ou curateurs (Gaïus, C. 1, § 199).

Comment et envers qui la caution était-elle donnée ? C'est toujours aux magistrats municipaux qu'il appartient de veiller à ce que la caution soit fournie et d'examiner si elle présente une solvabilité suffisante (Inst. 1, 24, § 4). Si le tuteur se refusait à fournir cette caution, des constitutions impériales décident que le magistrat devra procéder sur les biens du tuteur à une prise de gage qui tiendra lieu de caution (Inst. I, 24, § 3), et sera en outre un moyen indirect de contrainte.

La caution une fois présentée par le tuteur et agréée par le magistrat n'est pas encore engagée : il faut pour que son obligation prenne naissance un contrat de stipulation entre elle et le pupille. Nous savons en effet pas d'après les principes rigoureux du droit romain, des paroles solennelles étaient nécessaires pour lier les personnes qui contractaient ensemble. Dans l'hypothèse qui nous occupe, le pupille interrogeait la caution en ces termes : « *Fide tua jubes rem meam salvam fore ?* » Et la caution répondait : « *Fide jubeo.* » L'engagement était ainsi formé. Mais le pupille pouvait être absent, ou incapable encore de parler, il était impossible alors que l'obligation prît naissance en vertu de la règle : *Nemo alteri stipulari potest.* On eut recours en cette circonstance à un de ces moyens si souvent employés en droit romain pour tourner les difficultés du for-

malisme juridique. Le pupille est-il absent ou incapable
de parler, son esclave parlera pour lui. N'a-t-il pas d'esclave, on lui en achètera un pour ce cas spécial, jusqu'ici
notre règle est toujours respectée. Mais comment faire si
l'acquisition d'un esclave est impossible soit à cause de la
pauvreté du pupille, soit pour toute autre raison ? Alors on
aura recours à un moyen qui peint bien le génie du droit
romain : un « servus publicus » considéré pour les besoins
de la circonstance, comme l'esclave commun de tous les
citoyens, stipule nominativement pour le pupille. A défaut de
servus publicus, le magistrat charge un tiers de stipuler
pour le pupille ou stipule lui-même ; il est bien certain que
dans ces hypothèses, la caution étant engagée en dehors des
règles du droit, ne peut être poursuivie que par voie d'action utile (D. 27, 8, L. 1. § 15 et 16).

Ce singulier moyen de parer à l'impossibilité où se trouvait le pupille de stipuler personnellement devait montrer le
peu de nécessité de cette formalité de la stipulation ; aussi
fut-elle supprimée indirectement quand Ulpien décida que
la présence des cautions suffirait au moment où le préteur
les inscrit sur les acta publica, et que les fidéjusseurs
ainsi proposés, seraient aussi valablement obligés que s'ils
avaient prononcé les paroles solennelles de la stipulation
(D. 27, 7, L. 4. § 3).

La même décision s'applique aux affirmatores, c'est-à-
dire à ceux qui ont déclaré le tuteur solvable.

La rigidité des vieux principes cède à la nécessité de protéger le pupille et l'engagement de la caution résulte désor-

mais de sa volonté tacite et non plus de son consentement expressément formulé.

§ III.

La troisième obligation dont le tuteur se trouve tenu avant de s'immiscer dans l'administration de la fortune du pupille, consiste dans la nécessité pour lui, de déclarer s'il est créancier ou débiteur du pupille, Justinien craignait que débiteur, il n'enlevât du patrimoine de l'enfant le titre révélateur de son obligation, que créancier, il ne fît disparaître la quittance des papiers du pupille et ne se fît payer une seconde fois. Cette fraude pouvait être aisément commise avant la clôture de l'inventaire.

C'est pour prévenir ce danger que Justinien, dans sa Novelle 72, dispose qu'avant tout le tuteur doit déclarer devant le magistrat s'il est créancier ou débiteur du pupille ou de ses parents, et il pose ce principe que la tutelle ne doit pas être attribuée à celui qui est créancier ou débiteur du pupille.

Par son silence il encourt s'il est créancier, la perte de sa créance, s'il est débiteur, une peine (Nov. 72, cap. 3 et 4). Pendant la tutelle même, le tuteur peut devenir créancier du pupille. Si le tuteur devient créancier du pupille par un acte volontaire et spontané, la créance est annulée, et de plus, la créance cédée est éteinte ; c'est un gain pour le pupille, dit le chapitre V de la Novelle.

S'il devient créancier du pupille en succédant à l'un de ses créanciers, il est adjoint au tuteur, un curateur, avec mission de veiller aux intérêts du pupille relativement à cette obligation spéciale. S'il devient débiteur du pupille, la même chose a lieu.

Dès que les trois obligations spéciales, dont nous venons de parler, sont consenties, et le tuteur a intérêt à accomplir promptement ces trois formalités, il ne lui reste plus qu'à prendre en main la gestion du patrimoine du pupille et la direction de ses affaires. Voyons maintenant quelle est la mesure de ses attributions et quelles précautions nouvelles la loi romaine a prises pour sauvegarder les intérêts du pupille, sans pour cela mettre d'entrave à la libre administration du tuteur.

CHAPITRE II

L'administration du tuteur peut être envisagée à un double point de vue : tantôt il administre lui-même, tantôt il interpose son *auctoritas* dans les actes faits par le pupille. Le Digeste et le Code séparent aussi ses fonctions. Dans ces deux recueils, un titre spécial est consacré à chacune d'elles (D. XXVI, 7 et 8, C. V, 37 et 59). Ces deux fonctions demandent à être soigneusement distinguées soit en elles-mêmes, soit dans leurs conséquences, soit enfin dans les applications qu'elles comportent. Nous touchons ici au côté le plus original et le plus intéressant de la tutelle romaine.

SECTION I

De « *l'*auctoritas *du tuteur* »

§ 1. — *Nature de l'*auctoritas

Occupons-nous d'abord de « *l'auctoritas tutoris* » et cela malgré l'ordre du texte : « *Negotia gerit et auctoritatem interponit.* » L' « *auctoritas* » est, en effet, dans l'ordre historique, la première des deux fonctions du tuteur ;

elle est aussi la plus importante ; c'est la fonction essentielle, celle qui exige de la part d'un administrateur de la fortune d'autrui la qualité spéciale de tuteur : le curateur donne son *consensus*, le tuteur interpose seul son « *auctoritas.* »

Il est difficile de donner la signification exacte du mot « *auctoritas.* » Nos mots français autoriser, autorisation, rendent imparfaitement les expressions latines « *auctor fieri, auctoritas.* » Dans leur sens le plus général, les mots « *auctor* » et « *auctoritas* » signifient « garant » et « garantie. » Ainsi le vendeur, et plus généralement celui qui consent un droit à autrui, s'appelle, par rapport à cette autre personne, « *auctor* ; » de même un héritier a pour « *auctor* » le défunt. En ce sens « *auctor* » signifie « auteur. » Ce n'est pas le sens de notre expression *auctoritas* en matière de tutelle. On ne peut non plus la confondre avec la ratification, qui est postérieure à l'acte, ni avec l'approbation ou l'autorisation qui la précède et se donne quand le contrat n'est encore qu'à l'état de projet.

La difficulté de définir le mot étant reconnue, la définition suivante de la fonction nous semble exacte : le tuteur complète la capacité du pupille par sa présence, et l'approbation solennelle qu'il donne aux actes passés par le pupille sert à les valider et à en assurer l'efficacité.

Telle est bien l'idée générale qu'il faut se faire de l'« *interpositio tutoris.* » Mais dans quelle forme devra-t-il interposer son *auctoritas* ?

Quand pourra-t-il la donner? Quand devra-t-il user de ce procédé? C'est ce que nous allons nous efforcer de rechercher.

§ II.

Il n'eût pas été conforme au génie des Romains d'admettre que l'assistance du tuteur pût se manifester de toutes manières, et sans qu'il fût besoin de préciser avec rigueur les diverses conditions dans lesquelles elle devait être fournie : la « *prœstatio auctoritatis* » est par elle-même un acte simple mais dont les conséquences sont graves ; il donne la vie à toute une opération juridique, en apportant un complément de capacité à l'une des parties : les Romains, en raison de la gravité de cet acte, ne devaient pas manquer d'exiger qu'il fût entouré des formes sacramentelles les plus nombreuses.

L'« *auctoritas* » du tuteur se donna à l'origine dans une forme solennelle. Il fallait des paroles prononcées par le tuteur et les tiers qui contractent avec le pupille, et ce qui le prouve bien c'est que les sourds et les muets étaient incapables de remplir les fonctions de tuteur (*Frag. Vat.*, § 238), les premiers ne pouvaient entendre ni les seconds prononcer les paroles nécessaires à l'« *interpositio auctoritatis.* »

Ce n'était pas des paroles quelconques qu'il fallait prononcer : autrefois l'*auctoritas* supposait une question et une réponse comme le contrat de stipulation.

On suppose que le tiers interrogeait le tuteur en ces termes : « *Auctor ne fis* » ? et qu'il répondait « *Auctor fio.* » Cette façon de procéder était ainsi semblable aux formalités de la stipulation. Un fragment de Paul inséré à la loi 3, *ad Auct. et Consens.* (D. 26, 8), décide que, bien que n'ayant pas été interrogé, le tuteur autorise suffisamment s'il donne une approbation expresse à l'acte. D'après ce texte on voit clairement qu'à l'époque de Justinien et peut-être à l'époque de Paul on se contentait de paroles quelconques.

Du reste, s'il ne s'agissait pas d'un contrat, mais d'un acte qui n'exigeait qu'une déclaration de volonté de la part du pupille, d'une adition d'hérédité, par exemple, le tuteur n'avait besoin d'être interrogé par personne. Il prononçait seulement la formule sacramentelle : « *Auctor fio.* » Si le contrat est de ceux qui peuvent se conclure « *inter absentes* » ou « *per epistolam* », il suffit que le tuteur vienne se porter solennellement « *auctor* » au moment où le pupille envoie son assentiment. Et d'ailleurs l'*auctoritas* n'en devra pas moins être donnée solennellement quoique le contrat passé par le pupille n'exige aucune formalité et soit purement consensuel, une vente ou un louage, par exemple : dans ce cas encore la personnalité du tuteur complète la capacité du pupille et l'*auctoritas* est encore nécessaire. La preuve de l'*auctoritas* se fera d'une manière quelconque et notamment au moyen d'un écrit : « *Etiamsi non exaudiat tutoris auctoritatem is qui cum pupillo contrahit, scriptis tamen hoc adprobetur, recte negotium geri-*

tur velut si absente pupillo per epistolam vendam aliquid
vel locem et is tutoris auctoritate consentiat » (D. 26, 8,
l. 9, § 6).

Outre la solennité des paroles, à l'époque classique, l'*auc-*
toritas tutoris impliquait la présence simultanée du
pupille qui agit, du tuteur qui interpose son « *auctoritas* »
et ordinairement d'un tiers qui traite avec le pupille et
interroge le tuteur. La présence du tuteur est nécessaire
comme le dit Justinien (L. 1, 21, § 2). La règle est du
reste écrite en termes formels dans la loi 9 § 5 (D. 26, 8).
« *Tutor statim in ipso negotio præsens debet auctor fieri* ;
post tempus, vel per epistolam interposita ejus auctoritas
nihil agit. » Toute « *auctoritas* » donnée après coup et
par lettre est donc absolument nulle. Ulpien se réfère spécialement dans cette loi à l'hypothèse d'une hérédité dévolue à un fils de famille, à un esclave ou à un pupille, il
compare le *jussus* du père ou du maître à l'*auctoritas* du
tuteur. Nulle adition possible sans ce *jussus* ou cette *auc-*
toritas ; mais le « *jussus* » du père ou du maître doit précéder l'adition faite par le fils ou l'esclave et l' « *auctoritas* »
doit intervenir « *perfecto negotio* » c'est-à-dire non pas
après un certain temps depuis la confection de la vente,
mais au moment même où toutes les conditions de l'acte ont
été accomplies par le pupille. Cela du reste s'explique aisément ; c'est au moment même où le pupille vient de
faire quant à lui, pour réaliser l'acte juridique, tout ce
qu'aurait fait un pubère, que cet acte, menaçant d'être radicalement nul faute de capacité, a besoin aussitôt pour

valoir de l'action immédiate du tuteur. Si on laissait passer un certain intervalle, l' « *auctoritas* » serait inutilement interposée, elle ne pourrait faire revivre un acte qui n'existe juridiquement pas.

Sous Justinien, la présence du tuteur à l'acte est encore nécesssaire, quoique la solennité des paroles ne soit plus exigée, la présence du tiers qui contracte n'est pas non plus indispensable.

§ III. — *Règles de fond*.

L' « *auctoritas* » du tuteur est un « *actus legitimus* » comme la « *mancipatio* » ou l' « *acceptilatio* » ; elle ne ne peut donc être accordée conditionnellement. C'est ce que dit Ulpien (D. 26, 8, L. 8). Ce n'est pas à dire, bien entendu, que l' « *auctoritas* » du tuteur ne pourra pas être donnée pour des actes conditionnels. La loi 8 dont nous parlions tout à l'heure suppose au contraire le cas où l' « *auctoritas* » vient compléter la capacité du pupille con-tractant une obligation conditionnelle, et il est clair qu'un pupille peut, comme un pubère, mettre à ses engagements telle condition qu'il lui plaira.

Mais même dans cette hypothèse, l'*auctoritas* devra être interposée purement et simplement. Que doit faire en effet le tuteur ? Compléter la personne juridique du pupille, et pour y arriver c'est sans condition qu'il doit interposer son « *auctoritas* ». Que si le tuteur désire que l'obligation du pupille soit conditionnelle, il devra faire insérer la mention de la condition dans la formule de l'engagement que prononce le pupille sans l'apposer à l' « *auctoritas* » qu'il donne : ce ne serait pas le moyen de corriger l'engagement pur et simple du pupille, mais de rendre nulle la prestation de l'*auctoritas* et par suite de vicier l'engagement du pupille,

L'acte peut intéresser tout à la fois le tuteur et le pupille. C'est ce qui arrive si le pupille est créancier du tuteur et désire faire une acceptilation ou déléguer le tuteur à un tiers, faire en un mot un acte quelconque qui procure au tuteur sa libération. En pareil cas, il eût été dangereux de permettre au tuteur d'interposer son « *auctoritas* » : c'eût été mettre ses devoirs en lutte avec ses intérêts. La loi romaine pour éviter ce danger, interdit au tuteur d'interposer son « *auctoritas* » et il ne peut pas « *auctor fieri in rem suam.* »

Ce n'est pas seulement quand l'acte intéresse directement le tuteur que s'applique cette règle de droit romain. A Rome, on pouvait acquérir par soi-même ou par les personnes soumises à sa puissance, fils de famille ou esclaves ; le pupille bien que muni de l' « *auctoritas* » de son tuteur ne pouvait pas valablement promettre au fils ou à l'esclave de son tuteur (l. 7, D. 26, 8). Il en est autrement quand le tuteur n'est partie à l'acte ni par lui-même, ni par les personnes soumises à sa puissance, et qu'il n'en profite que par voie de conséquence ; rien alors ne s'oppose à ce qu'il complète la capacité juridique de son pupille. Supposons-le par exemple, créancier d'une succession, il pourra valablement autoriser le pupille à faire adition (D. 26, 8, L. 1, pr.).

Il faudra cependant mettre le pupille à même de passer un acte qui l'intéresse. Si le tuteur ne trouve pas dans ses pouvoirs d'administration les ressources suffisantes pour atteindre le but directement ou indirectement sans faire intervenir le pupille, si par exemple l'acte à accomplir ne peut se faire par mandataire, on nommera un tuteur « *ad hoc* » afin d'autoriser le pupille.

Cela avait lieu dans le premier état du droit sous le régime des « *legis actiones* » en cas de procès entre le tuteur et le pupille : le pupille plaidait lui-même, autorisé par un « *tutor prætorius* ». Sous le régime du système formulaire, on procédait de même lorsqu'il s'agissait d'un *judicium legitimum.*

Cette distinction subsista après la disparition du système formulaire (G. 1, § 184). Mais on ne comprend guère pour quel motif, puisque la demande et la défense en justice n'exigeaient plus la présence du véritable intéressé. C'est donc avec raison que Justinien décida que dans tous les cas la nomination d'un curateur spécial serait suffisante (Inst. § 3) « *non tutor prætorius ut olim constituitur,* »

§ 4.

Pour que le tuteur puisse se borner à interposer son *auctoritas* il faut que le pupille ne soit plus « *infans.* »

En effet l' « *auctoritas* » n'est que le complément nécessaire de la demi capacité du pupille. Or, tant qu'il est « *infans* », l'enfant est dans un état d'incapacité absolu.

Nous devons donc rerchecher exactement les limites de l' « *infantia* » pour savoir à quel moment il sera possible au tuteur, trouvant chez son pupille une demi capacité, de compléter cette capacité par l' « *interpositio auctoritatis.* »

Dans le dernier état du droit, il n'est pas douteux que la période de l'*infantia* ne se prolonge depuis la naissance jusqu'à une limite fixe de sept ans. Mais plusieurs interprètes prétendent qu'à l'époque classique « l'*infantia* » cessait par la seule acquisition de la parole : pour eux, la capacité du pupille aurait varié suivant le développement plus ou moins prononcé du langage.

Les partisans de ce système s'appuient sur le sens étymologique du mot « *infans* » qui signifie dans son sens originaire, qui ne parle pas, » de « *in* » privatif, et « *fari* » parler. De plus, ils ajoutent que les jurisconsultes emploient à la place du mot « *infans* » la périphrase « *qui fari, qui loqui non potest.* » (D. L. 1 § 13, *de oblig. et act.* 44, 7 ; L. 14, § 2 *de verb. oblig.* 45, 1 ; L. 5, *de div. reg.* 50, 17).

Ils invoquent encore un texte d'Ulpien (L. 1 § 2, D. 26, 7) auquel ils donnent une interprétation fausse, selon nous. D'après ce texte, disent-ils, tant que la pupille ne parle pas, le tuteur doit plaider lui-même ; dès qu'il parle le tuteur a le choix, mais ce choix cesse après l'âge de sept ans révolus et dès lors le tuteur doit se restreindre au rôle d'*auctor*. »

IIs argumentent enfin de deux constitutions en date des années 406 et 427 ; la première appartient aux empereurs Arcadius, Honorius et Théodose et figure au Code Théodosien (L. 8,8, 18) ; la seconde est l'œuvre de Théodose et de Valentinien et se trouve au Code Justinien (L. 18 *de jure de lib.* 6, 30). Ces deux constitutions contiennent évidemment une innovation que nous examinerons plus loin ; mais que nos adversaires prétendent être tout à l'avantage de leur système.

Nous croyons au contraire que déjà à l'époque classique l'*infantia* correspondait à l'âge de sept ans. Pour nous, l' « *infantia* » ne correspond pas à un simple fait matériel, au défaut de parole ; elle désigne dans son ensemble la première phase de l'intelligence humaine. Mais pourquoi, dira-t-on, les jurisconsultes prolongent-ils cette phase jusqu'à l'âge de sept ans ? C'est que certains philosophes anciens soutenaient cette théorie, peu scientifique sans doute, que de sept ans en sept ans il s'opérait chez l'homme une transformation physique et morale. Les jurisconsultes n'étaient pas seuls d'ailleurs à accepter cette conception de l' « *infantia* », la littératture latine accepte aussi cette théorie, et Macrobe (songe de Scipion) exprime cette idée que la faculté de parler n'est complète qu'à l'âge de sept ans.

Nous reconnaissons avec nos adversaires que le sens étymologique du mot « *infans* » laisserait croire que l'incapacité absolue du pupille cesse dès qu'il prononce des paroles. Mais, si l'on veut faire abstraction du sens étroit des mots, en verra que la langue du droit s'écarte du sens étymologique et que par le pupille « *infans* » ou *qui fari non potest* » les jurisconsultes classiques entendent tout pupille au-dessous de sept ans, soit que réellement il ne parle pas encore, soit qu'il parle.

Reprenons d'ailleurs le texte d'Ulpien qu'on nous oppose en l'interprétant faussement, et recherchons son interprétation véritable (D. 26, 7, L. 1 § 2). Ulpien supposant le pupille intéressé dans un procès pose en principe que le tuteur peut à son choix le faire figurer au procès, en interposant son « *auctoritas* » ou plaider lui-même. Cependant, nous dit Ulpien, le tuteur ne peut pas toujours choisir ; deux circonstances l'empêchent d'interposer son « *auctoritas* » et lui font un devoir d'agir seul : le pupille est absent ou il ne parle pas « *fari non potest,* » pour ces deux cas il est nécessaire que le tuteur plaide lui-même, en sorte que la prestation de l' « *auctoritas* » implique un pupille présent et âgé de plus de sept ans, « *qui supra septimum annum œtatis est.* » Que conclure de cette opposition des mots « *qui fari non potest* » et « *qui supra septimum annum œtatis est* » sinon que c'est pour le jurisconsulte absolument la même chose que ne point parler ou n'avoir pas sept ans.

L'interprétation que nos adversaires donnent à cette loi est tout à fait inacceptable, quand on voit la même loi, § 3, permettre au curateur de plaider lui-même au nom et sans la présence personnelle du mineur de vingt-cinq ans.

Le § 4, de la même loi, est d'ailleurs formel pour permettre au tuteur d'agir seul. On ne comprendrait pas, du reste, que le curateur du mineur de vingt-cinq ans eût plus de pouvoir que le tuteur d'un pupille âgé de sept ans.

Dans la loi 70, *de verb. oblig.* (45, 1) nous trouvons un autre texte venant d'Ulpien qui donne une force nouvelle à notre système. Ulpien suppose qu'une promesse a été faite à un pupille « *infans,* » et il lui refuse l'action « *ex stipulatu* » par cette raison que « *fari non poterat.* »

Comment expliquerons-nous ce texte? Dirons-nous que si Ulpien refuse l'action « *ex stipulatu* » c'est parce que le pupille étant matériellement incapable de parler, il n'y a pas eu d'interrogation? Mais à quoi bon formuler cette décision? Est-ce que le droit commun ne suffit pas pour résoudre la question : il n'y a pas eu de promesse valable sans une interrogation qui la précède. Ulpien suppose donc que le pupille a interrogé le promettant, d'où il suit que les expressions « *infans* » et « *qui fari non potest* » sont bien synonymes, et l'incapacité absolue du pupille, par conséquent l'*infantia*, ne cesse pas par la simple acquisition de la parole.

Nous avons vu qu'en ce qui concerne la stipulation « *rem pupilli salvam fore* » le pupille dès qu'il pourra parler et encore qu'il ne comprenne pas le sens de ses actes pourra adresser à la caution cette question : « *Fide tua jubes rem meam salvam fore?* » (D, 46, L. 6, 6 *rem pul. salv.*).

Nous savons qu'au cas où le pupille est appelé à recueillir une hérédité, on admet par dérogation au droit commun que, dès qu'il est capable d'articuler une parole, il peut, quoique « *infans* » faire adition « *tutore auctore* » (D. 29, 2, L. 9).

Ces décisions sont toutes de faveur et déterminées par des raisons d'utilité pratique. La règle générale est donc qu'en dehors des deux cas exceptionnels indiqués ci-dessus c'est-à-dire quand il ne s'agit pas de stipuler la caution « *rem pupilli salvam fori* » ni de recueillir une hérédité, le fait matériel du développement de la faculté de parler ne relève pas le pupille de son incapacité absolue, ou en d'autres termes ne marque pas la limite de l' « *infantia.* »

D'autre part, un texte de Modestin rapporté à la loi 14 au Dig. « *de sponsalibus* » (23, 1) décide qu'en matière de fiançailles il n'y a pas d'âge déterminé comme pour le mariage : la seule condition exigée pour chacune des deux parties est qu'elles soient âgées d'au moins sept ans « *id est si non sint minores quam septem annorum.* » Nous trouvons aussi dans ce texte la preuve évidente qu'à l'époque classique l'enfant n'avait aucune capacité avant l'âge de sept ans.

Quant à l'argument tiré par les adversaires de notre système des deux constitutions de 406 et 427, nous le réfuterons en indiquant la véritable innovation de ces constitutions. Elles décident que tant que l'enfant restera « *infans* » c'est-à-dire, disent-elles, jusqu'à sa septième année révolue, et cela sans distinguer s'il parle ou non, son tuteur pourra faire adition d'hérédité en son nom et à titre d'administrateur. Ce qui veut dire qu'autrefois l' « *infantia* » cessait exceptionnellement en ce qui concerne l'adition d'hérédité par l'apparition de la parole, tandis que sous le régime des constitutions impériales, elle se prolongera jusqu'à sept ans pour cet acte comme pour tous les autres, mais sans que les intérêts du pupille en souffrent.

Nous tiendrons donc pour établi que, même à l'époque classique, la limite de l' « *infantia* » était déterminée non pas par l'apparition plus ou moins précoce de la parole, mais par l'âge fixe de sept ans.

Pour que le tuteur pût utilement interposer son « *auctoritas* », le pupille devait être sorti de l'*infantia*, c'est-à-dire avoir déjà une capacité relative, susceptible d'être complétée par l'*auctoritas* du tuteur.

Le pupille devait de plus être présent lors de la conclusion du contrat.

Le pupille sorti de l'*infantia* et présent n'avait pas toujours besoin de l' « *auctoritas tutoris*. »

L'enfant a-t-il moins de sept ans, quoiqu'il ait un patrimoine, il est absolument incapable de passer aucun acte qui s'y réfère. Il peut, il est vrai, prononcer des paroles solennelles ; celles de la « *mancipatio* » ou de la « *stipulatio* » lui seront vite enseignées et il pourra les redire avec une exactitude parfaite. Mais sous ces paroles se cache un acte juridique à l'exécution duquel il ne pourra pas être contraint puisqu'il lui manque la volonté qui peut seule donner naissance à l'obligation.

Il n'y a pas à faire de différence entre l'acte par lequel

l' « *infans* » tendrait à faire sa condition meilleure et celui qui contiendrait à son préjudice le germe d'une obligation ou d'une aliénation : c'est ainsi que même une stipulation dans laquelle il recevrait une promesse faite « *animo donandi* » ne liera pas celui qui voulait ainsi se porter débiteur (D. *de verb. obl.* L. 70). « *Placebat ex stipulatu actionem non esse, quoniam qui fari non poterat, stipulari non poterat* ». En pareil cas, le législateur n'établit pas précisément une incapacité dans le but de protéger l'enfant, mais constate plutôt l'absence totale de volonté rendant impossible tout contrat.

L'enfant vient-il à sortir de l' « *infantia* », il subit en droit une transformation profonde ; il est dès lors considéré comme en possession de lui-même, comme susceptible de volonté et capable de discernement. Il y aura donc un lien juridique dans tout accord de sa volonté avec celle des tiers, et le contrat prendra naissance. Mais on ne doit pas aller jusqu'à dire que l'acte ainsi passé par le pupille produit tous ses effets juridiques pour et contre lui ; il ne jouit pas d'une volonté assez éclairée ni d'un discernement assez sûr pour être complètement abandonné à lui-même, aussi ne pouvait-on manquer de le protéger contre sa propre inexpérience. On devait toutefois tenir compte de cette volonté naissante qui permet de voir dans les paroles prononcées par l'impubère l'expression d'un consentement juridique, tout en le protégeant contre sa propre faiblesse d'esprit.

Les Institutes ont résolu cette question délicate dans la

règle suivante : « *Placuit meliorem quidem suam condi-
tionem licere eis facere etiam sine tutoris auctoritate, de-
teriorem vero non aliter quam tutore auctore.* » Le pupille
peut faire seul les actes par lesquels il rend sa situation
meilleure, mais il lui faut l'autorisation du tuteur pour
faire les actes par lesquels il rend sa condition pire.

Déterminons entièrement la signification de l'expression
« rendre sa condition meilleure » et « rendre sa condition
pire. »

Dire que le pupille sorti de l'*infantia* est capable par
lui seul de rendre sa condition meilleure, cela ne veut pas
dire qu'il a pleine capacité pour s'enrichir : qu'il ait besoin
de l' « *auctoritas tutoris* » quand il rend sa condition pire,
cela ne veut pas dire qu'avec l' « *auctoritas tutoris* » il
puisse s'appauvrir.

En un mot, pour comprendre la règle posée par les Institutes il n'y a pas besoin de s'attacher au résultat final du
contrat passé par l'impubère et le tenir pour valable s'il
s'est résolu pour lui en un bénéfice, pour nul par cela
seul qu'il l'a constitué en perte ; en pareil cas, les intérêts
de l'impubère agissant seul seraient protégés d'une manière
suffisante, mais personne ne voudrait plus traiter avec lui.

Ce n'est pas ainsi que cette règle doit être entendue ; elle
ferait en effet double emploi avec la « *restitutio in integrum* » qui assure le pupille contre toutes les lésions résultant de ses obligations. Ainsi le pupille vend-il à haut
prix une chose sans valeur et à vil prix une chose pré-
cieuse, dans les deux cas la vente est nulle s'il l'a contrac-

tée seul, dans les deux cas il a besoin de l' « *auctoritas tutoris*. »

Les expressions « faire sa condition meilleure » et « faire sa condition pire » ne sont pas synonymes de faire une bonne ou une mauvaise affaire.

C'est au moment où l'acte est passé qu'on doit se placer pour savoir si l' « *interpositio auctoritatis* » est nécessaire ou non ; c'est en considérant l'acte dans sa nature même et sans se préoccuper de ses conséquences dans tel ou tel cas donné qu'on le regarde comme rendant meilleure ou pire la condition du pupille : il pourra faire seul tout acte qui produira à son avantage l'acquisition d'un droit de créance, la libération d'une dette ou d'une charge réelle ; il peut à lui seul, devenir par ses actes acquéreur ou créancier ; l'*auctoritas* du tuteur lui sera au contraire indispensable pour tout acte qui entraînera la perte d'un droit réel ou d'un droit de créance, ou l'acquisition contre lui d'un de ces droits, toutes les fois qu'il voudra aliéner, s'obliger ou éteindre un droit actif. Aucune difficulté ne se présente toutes les fois qu'il s'agit d'actes simples produisant exclusivement l'un des résultats indiqués. Ainsi que le pupille soit débiteur et que son créancier veuille lui faire une remise gratuite, l' « *auctoritas* » ne sera en aucune façon nécessaire. On devrait décider de même lorsqu'un tiers lui fait gratuitement une promesse ou une mancipation à titre de donation ; au contraire seraient nulles la remise de dette, la mancipation ou la promesse faite à titre de donation par le pupille.

Mais la question devient plus délicate, quand il s'agit d'actes produisant plusieurs effets juridiques, des contrats synallagmatiques, c'est-à-dire de ceux qui comme la vente, le louage, la société obligent immédiatement les deux parties, ou qui comme le mandat ou le dépôt, n'obligent au début qu'un des contractants, mais peuvent aboutir après coup à obliger aussi l'autre partie. Dans ces hypothèses, notre règle sur l' » *interpositio auctoritatis* » ne considère jamais un de ces actes complexes dans son tout ; il faut le ramener par l'analyse aux éléments dont il se compose. Pour que, dans la vente, le pupille devienne créancier, l' « *auctoritas tutoris* » n'est pas nécessaire, mais elle le devient pour qu'il soit débiteur en vertu de cette même vente.

Si la vente a été conclue sans l' » *interpositio auctoritatis* » le pupille n'a pas pu valablement s'obliger ; mais il a bien pu devenir créancier, il peut exiger le prix, mais il n'est pas tenu de livrer la chose. Cette théorie a pour conséquence de laisser au pupille le choix d'exécuter la vente ou de la considérer comme non avenue, son co-contractant n'ayant en aucun cas le pouvoir de le contraindre à l'exécuter (D., L. 7, §. 1, 18, 5).

Dans les actes simples, comme lorsqu'un tiers a interrogé le pupille, et que le pupille a répondu sans que l' » *auctoritas tutoris* » ait été interposée, il y a nullité absolue. Dans un acte complexe, comme dans la vente, l'acte est nul en ce sens que le pupille n'est pas tenu de l'action *empti* mais, comme il est pourvu de l'action *venditi* on arrive à un résultat un peu différent qui ressemble à une nullité relative : l'exécution fait disparaître cette nullité ; ainsi le pupille ayant reçu la chose vendue en a payé le prix ; il n'y aura pas nullité si l'exécution du contrat a été faite avec l' » *auctoritas* » du tuteur ou par le pupille devenu pleinement capable. Si au contraire nous supposons que la chose ait été livrée par le pupille et le prix reçu par lui sans « *auctoritas* » du tuteur, le pupille pourra revendiquer la chose livrée par lui, à la charge de restituer tout ce dont il se serait enrichi par cette opération. Antonin-le-Pieux fit l'application expresse de cette règle au pupille en déclarant que dans tous les cas où il aurait traité « *sine auctoritate tutoris* » on pourrait le poursuivre jusqu'à concurrence du profit que l'acte lui aurait procuré (D. L. 5 pr. in fine. 26, 8).

Le pupille reçoit le paiement de ce qui lui est dû. Ce paiement engendre deux effets, une translation de propriété du débiteur au créancier et l'extinction de la dette. Ces deux effets sont successifs. Le pupille a bien pu « *sine auctoritate tutoris* » acquérir la propriété des deniers qui lui ont été transférés, mais il n'a pas pu sans son tuteur libérer le débiteur : il pourra donc encore réclamer le paiement de la dette, tout en tenant compte de son enrichissement.

Le pupille a contracté avec un tiers un « *mutuum* » ; il a reçu de ce tiers un prêt d'argent ; ici encore deux effets se produisent, translation de la propriété des deniers par le tiers à l'impubère, obligation pour l'impubère de restituer des deniers d'égale valeur. Le premier effet aura lieu indépendamment de l' « *auctoritas tutoris* » ; mais sans cette « *auctoritas*, le second effet ne saurait se produire. Le pupille n'a pas pu par lui seul devenir débiteur en vertu du prêt.

Mais s'il s'enrichit par suite de ce prêt, il se trouve tenu envers le prêteur dans la limite de cet enrichissement.

Il se peut qu'une opération en elle-même synallagmatique se réalise sous la forme de deux opérations unilatérales. Par exemple, au lieu de vendre une chose, le pupille la mancipe et la livre, et stipule de l'acquéreur, une somme déterminée. S'il a agi seul l'aliénation est nulle; il peut agir en revendication; mais exercée par lui; cette action assure son échec sur l'action « *ex stipulatu.* »

La loi romaine ne nous donne donc pas le spectacle détestable d'un pupille gardant à la fois et la chose vendue et le prix de vente; d'une manière générale, le pupille auteur d'un acte qui fait à la fois sa condition meilleure et pire ne sera jamais admis à invoquer tout ensemble, en vue de réaliser un bénéfice, la nullité de ses propres obligations et la validité des obligations adverses. La règle établie aux Instituts revient donc simplement à affranchir le pupille des conséquences ruineuses de ses actes pour les faire retomber sur les imprudents, ou sur les spéculateurs qui n'ont pas craint de traiter avec lui.

Nous avons parlé de la nécessité de « l'*interpositio auctoritatis* » dans les actes produisant des résultats simples d'aliénation, d'obligation ou de perte d'un droit de créance; puis nous avons posé en principe que dans les actes produisant des effets complexes « l'*auctoritas tuto-*

ris » est nécessaire pour compléter la capacité du pupille ; mais il est un acte qui ne peut être classé dans aucune des deux catégories de ceux que nous avons examinés. C'est l'acceptation ou la répudiation d'une succession. On ne pouvait en effet assimiler l'adition d'hérédité à la vente ; l'adition aurait investi le pupille de tous les droits actifs compris dans l'hérédité, mais ne l'aurait soumis à aucune des obligations qui en résultent ; l'application de la constitution d'Antonin-le-Pieux aurait pu, il est vrai, modérer l'iniquité d'une telle règle et le pupille aurait été tenu comme les créanciers et légataires jusqu'à concurrence du bénéfice réalisé ; mais ces derniers auraient toujours été exposés à se voir dépouillés de ce à quoi ils avaient droit, le pupille pouvant par ses dépenses et ses dissipations, enlever aux tiers intéressés le gage sur lequel ils comptaient.

On ne pouvait consacrer un tel résultat : d'abord les créanciers de la succession ne doivent avoir à souffrir en rien de ce que l'héritier est impubère ; ils n'ont pas, en effet, à se reprocher, comme les contractants entre-vifs, d'avoir consenti à traiter avec lui. D'ailleurs, c'est plutôt le patrimoine du défunt que ses biens individuellement envisagés qui sont acquis par l'héritier, et le patrimoine est un ensemble indivisible de passif et d'actif. Dès lors, il fallait admettre ou bien que l'adition faite par un impubère serait considérée comme valable dans toutes ses conséquences ; ou qu'elle serait entièrement nulle, lorsque le pupille aurait fait adition sans « l'*auctoritas tutoris.* » C'est ce dernier parti qu'a suivi le législateur

romain. Accepter une hérédité, c'est devenir le continua-
teur de la personne juridique du défunt, succéder à ses
créances et à ses dettes, avoir la propriété de ce dont il
était propriétaire. Ici, on ne peut pas diviser l'acte, pour-
tant complexe, et en tous cas il faudra l'autorisation du
tuteur ; sans qu'il y ait à rechercher si dans l'hérédité,
il y a des dettes ou s'il n'y en a pas ; la règle romaine est
fort sage, le passif du défunt n'étant pas toujours connu
quand on accepte l'hérédité (D. 26, 8, L. 9, § 3). « *Hœ-
reditatem adire pupillus sine auctoritate tutoris non
potest, quamvis lucrosa sit, nec ullum habeat damnum.* »

Le préteur, à côté de la dévolution de succession du
droit civil, avait organisé une dévolution prétorienne de la
succession, la « *bonorum possessio* ». Par les mêmes motifs, l' « *auctoritas tutoris* » était nécessaire pour l'accepter
ou la répudier.

On appliquait encore la même règle quand le pupille
était le bénéficiaire d'un fidéicommis universel. En réalité,
c'était là une succession « *in universum jus.* »

§ V. — *Effets de l' «* interpositio auctoritatis. »

Lorsque le pupille a passé un acte avec l' « *auctoritas
tutoris* » l'effet juridique est le même que si cet acte avait
été passé par un pubère capable. C'est le pupille qui a
joué le rôle principal ; c'est lui qui a parlé ou traité en son
propre nom. C'est directement en lui que se réalisent les

conséquences de l'opération accomplie ; c'est lui qui deviendra créancier ou acquéreur, débiteur ou aliénateur ; c'est contre lui ou à son profit que naîtra l'action servant à garantir les droits créés. C'est lui aussi qui, en cas d'éviction d'hérédité, aura aussi acquis toutes les actions héréditaires ou y sera soumis comme héritier.

Au contraire, le tuteur qui n'aura fait qu'intervenir pour lui donner ce complément de capacité indispensable à la validité de l'acte, qui n'aura parlé que pour dire « *auctor fio* » et seulement pour consentir quant à lui-même l'obligation ou l'aliénation opérée, le tuteur ne sera nullement tenu envers les tiers des conséquences de cet acte, aucune action de ce chef n'existera contre lui. Le tuteur peut bien être responsable à l'égard du pupille de n'avoir pas interposé son « *auctoritas* », ou de l'avoir fournie mal à propos dans un acte qui ne pouvait qu'être nuisible au pupille ; mais aucun rapport d'obligation ne doit prendre naissance entre le tiers et le tuteur.

Il est maintenant facile de saisir les avantages et les inconvénients que présente le procédé de l'*auctoritas* pour le gouvernement du patrimoine de l'impubère.

Le principal avantage est de faire que les effets juridiques de tous les actes passés par ce moyen, se réaliseront en la personne du pupille : les actions qui en naissent lui appartiendront en propre pour être exercées en son nom ou seront données directement contre lui. C'est là un excellent résultat car il s'agit de la gestion du patrimoine du pupille, et il est extrêmement fâcheux que les actes concernant ce pa-

trimoine ne produisent pas directement leurs effets en la
personne du pupille.

En outre, tous les actes permis quant au patrimoine
peuvent être passés par le pupille au moyen de « *l'aucto-*
ritas » sans qu'il y ait à distinguer les actes où la représentation est admise « *per extraneam personam* » de ceux qui
supposent l'intervention personnelle de l'intéressé.

Le tuteur, en pareil cas, est bien dans son rôle de protecteur qui ne prend aux actes d'autre participation que
celle qui est absolument nécessaire pour subvenir à l'incapacité de l'impubère, toutes les fois qu'il aura jugé ces
actes utiles au patrimoine dont il doit surveiller la gestion.

Enfin on peut dire encore qu'une telle manière de procéder accoutumera peu à peu le pupille à gouverner lui-
même ses propres affaires. Devant intervenir dans tous les
actes pour y prononcer les paroles solennelles, pour donner
son consentement, il arrivera certainement à distinguer
ceux qui lui seraient nuisibles de ceux qui lui auraient été
profitables. Le tuteur avant de le faire figurer dans un acte,
ne manquera guère de lui en expliquer le sens, il y a donc à
ce point de vue quelque chose de salutaire dans cette intervention forcée du pupille. Lorsqu'arrivera la puberté, il ne
sera pas mis en possession de son patrimoine sans avoir été
initié aux difficultés pratiques de l'administration et sans
avoir appris à les résoudre.

Il ne faudrait pas, toutefois, exagérer la portée de ce
léger avantage qui n'a pas empêché les Romains de considérer que le pubère, instruit de la sorte au maniement de

ses intérêts, avait encore besoin d'une protection plus large jusqu'à l'âge de vingt-cinq ans.

L' « *auctoritas* » ne manque pas aussi d'être, sous bien des rapports, un procédé gênant. C'est un premier embarras que la nécessité de paroles solennelles, peu considérable, cependant, chez un peuple habitué à cette manière de former la plupart des actes juridiques.

C'en est un plus grand d'exiger la présence du tuteur et le concours des deux volontés du tuteur et du pupille. Si tous deux ne sont pas au même lieu, il y aura donc impossibilité d'agir. Pour chaque opération qu'il paraîtra bon au tuteur d'accomplir, il faudra faire venir le pupille, et cela ne laisse pas que d'être peu praticable.

Et si le pupille ne veut pas consentir à faire ce que le tuteur lui demande, si par une fantaisie, un caprice d'enfant, il se refuse à prononcer les paroles qu'il lui enjoint de prononcer, voici la gestion du patrimoine entravée, puisque le tuteur ne peut procéder, comme « *auctor* », qu'en assistant le pupille.

Ce n'est rien encore ; mais le plus grave inconvénient de l' « *auctoritas* », celui qui est irrémédiable, c'est que, durant l' « *infantia* » du pupille, elle ne peut être employée. Nous avons vu, en effet, que l'impubère « *infans* » n'avait aucune volonté et ne pouvait, en conséquence, figurer dans aucun acte juridique, même dût-il rendre sa condition meilleure. Si l'acte du pupille est radicalement nul, comment concevoir que l' « *auctoritas* » du tuteur puisse le valider ? Elle n'est qu'un complément de capa-

cité pour l'impubère : elle suppose donc déjà, en sa personne, une certaine capacité, quoique imparfaite, et l' « *infans* » n'en a aucune. Admettre que le pupille vienne
prononcer des paroles machinalement, sans pouvoir s'en
rendre le moindre compte, et que le tuteur vienne conclure
l'acte tout entier par ces simples paroles : « *Auctor fio* »,
serait faire de l' « *auctoritas* » une cérémonie mensongère
et déraisonnable. Si l'opération doit avoir lieu, il faut qu'il
soit donné au tuteur un moyen de la faire tout entière et
à lui seul, puisqu'en droit, le pupille « *infans* » ne peut
absolument rien faire.

Si l'on songe maintenant que cette période de l'*infantia*
dure sept ans, c'est-à-dire une période de temps égale à la
moitié de l'âge de puberté, on voit, de suite, quelle insuffisance présentait l' « *auctoritas.* » Il n'eût été possible,
avec ce procédé, de gérer le patrimoine des pupilles que
pendant la moitié du temps où dure leur incapacité, et
pendant leur âge le plus tendre, c'est-à-dire alors qu'ils ont
le plus besoin de protection, ils eussent été complètement
délaissés. Il fallait donc mettre, aux mains du tuteur, un
autre procédé pour lui permettre de remplir la mission qui
lui a été confiée ; il fallait organiser un moyen pour le
tuteur d'agir seul pour le pupille, sans qu'il soit nécessaire
de faire intervenir celui-ci.

§ VI

Lorsqu'il y a plusieurs tuteurs, comment l' « *auctoritas* » sera-t-elle donnée au pupille? L'ancien droit distinguait entre les tuteurs légitimes et les tuteurs nommés sans enquête, d'une part, et les tuteurs testamentaires et les tuteurs nommés après enquête, d'autre part. S'agissait-il des premiers, il fallait que l' « *auctoritas* » fût donnée par tous les tuteurs; on respectait, en effet, dans la personne de l'agnat tuteur, la tutelle comme un droit, et, d'autre part, le législateur avait une certaine défiance de cette catégorie de tuteurs. Pour les tuteurs testamentaires ou nommés après enquête, l' « *auctoritas* » d'un seul suffisait.

Justinien décida que, dans tous les cas, l'*auctoritas* d'un seul suffirait (L. 5, C., 5, 59). Il y a cependant une exception à faire pour le cas où l'acte qu'il s'agit d'autoriser doit mettre fin à la tutelle : ainsi le pupille est sur le point de consentir à une adrogation, tous les tuteurs doivent approuver cet acte.

Quand l'administration a été divisée par régions ou par nature d'affaires, « *per regiones vel per partes*» ou confiée à un seul, celui-là doit donner l' « *auctoritas* » qui gère seul, ou qui a l'affaire dont il s'agit dans sa circonscription. L' « *auctoritas* » donnée par un autre dans ce cas serait nulle.

Toutefois, quand il s'agit de l'acceptation d'une hérédité,

l' « *auctoritas* » d'un tuteur qui ne gère pas est suffisante. C'est là en effet un fait tout nouveau, qui ne se rattache pas aux faits antérieurs de la gestion (L. 49, 29, 2).

Quand il y a plusieurs tuteurs, le pupille peut faire une affaire avec l'un d'eux, avec l' « *auctoritas* » d'un autre (D. 26, 8. L. 5).

Section II

De la règle « tutor negotia gerit ».

La mission primitive, originale du tuteur, était d'interposer son *auctoritas* et de compléter ainsi la capacité du pupille. Sans doute il fut toujours libre de ne pas donner son « *auctoritas* ; » mais à toute époque on le tint pour responsable de l'avoir refusée quand elle était nécessaire ou utile (D. L. 17 *de auc. et cons* .). Cela tient à ce que, se bornant au rôle d' « *auctor* », il restait complètement étranger à l'acte accompli et ne compromettait ainsi en rien ses intérêts.

Il n'en était plus de même quand le tuteur usait du second procédé mis à sa disposition. « *Tutor negotia gerit* », dit Ulpien. Ici le rôle du tuteur est tout différent de celui que nous venons de lui voir jouer lorsqu'il se borne à interposer son « *auctoritas* », le pupille n'a plus aucun rôle à jouer dans l'acte qui concerne son patrimoine ; c'est le tuteur qui contracte ou traite pour le compte du pupille, lui qui figure dans les actes passés avec des tiers dans l'intérêt du pupille.

Il n'y a plus alors aucune formalité à remplir que celle qui résulte de l'acte même intervenu ; il n'y a pas de formalité additionnelle comme celle d'une « *auctoritas* » à donner. Le tuteur n'en a même aucune à remplir pour indiquer qu'il agit dans l'intérêt du pupille ; mais les actes d'administration du tuteur produisaient tous leurs effets en sa personne et l'obligeaient personnellement. Aussi, pendant longtemps, put-il s'abstenir de gérer sans encourir aucune responsabilité (Inst. § 3, *de Atil. tut.*). Cela s'explique d'autant mieux qu'à l'origine, on lui refusait tout recours contre le pupille dont il avait fait l'affaire à ses risques et périls. On comprit cependant bientôt qu'il fallait astreindre le tuteur à gérer lui-même les affaires du pupille. Lors de la disparition du système de nomination des tuteurs établi par la loi Atilia, le préteur autorisa le recours du pupille contre le tuteur (L. 1, pr. *de cont. tut.* 27, 4). Dès lors il n'y avait plus de raison pour permettre au tuteur de gérer ou de ne pas gérer, suivant son bon plaisir, et le préteur le tient pour responsable de son inaction et intervient même pour le contraindre à administrer (L. 1, pr. 26, 7). Ce texte nous apprend que le préteur intervenait « *extra ordinem* », c'est-à-dire sans donner une action proprement dite. Quant aux moyens de contraindre le tuteur à administrer, on envoyait le pupille en possession des biens du tuteur ; peut-être même le tuteur était frappé d'une peine corporelle ; de plus son inaction entraînait contre lui la

destitution, comme « *suspectus* » ; et par conséquent l'in-
famie (L. 3, C. *de suspect. tut.* V, 43).

L'impossibilité où se trouvait le tuteur d'interposer son
« *auctoritas* » lorsque le pupille n'était pas encore sorti
de l' « *infantia* » nous fait voir que le tuteur devra nécessairement se servir du second procédé, de la « *gestio
bonorum* », lorsque le pupille sera encore *infans*.

Le tuteur n'aura pas non plus le choix quand le pupille
sera absent (D. L. 2, 26, 7) ; et devra « *negotia gerere.* »

Lorsque le tuteur usera, soit par son propre choix, soit
parce qu'il n'avait pas d'autre moyen, de ce second procédé, lorsqu'il gérera les biens du pupille, quel sera le
caractère de cette gestion ? en quelle qualité agira le
tuteur ? ce sera comme mandataire. Chez nous, le mandataire représente le mandant. Il n'en est pas ainsi à Rome.
C'est le mandataire qui devient créancier ou débiteur ; or
il était de principe à l'époque classique qu'on ne pouvait être
représenté dans un acte juridique « *per extraneam personam* » c'est-à-dire par une personne qui n'est pas soumise à la puissance du mandant et dont par suite la personnalité ne saurait se confondre avec celle du mandant. Le
tuteur était en ce sens une « *persona extranea* » à l'égard
du pupille. Dire que le tuteur ne pouvait pas représenter
le pupille, c'était dire que les actes qu'il faisait à l'occasion
du patrimoine de ce dernier ne pouvaient produire directement d'effets juridiques qu'en la personne du tuteur. Le
tuteur a-t-il stipulé ou promis, c'est lui, comme le pupille, qui deviendra créancier ou débiteur ; encore faut-il

que le tuteur promette ou stipule en son nom, car il ne saurait le faire au nom du pupille ; vend-il la chose du pupille, c'est lui, c'est lui seul qui sera obligé comme vendeur. Il en sera de même de tous les autres actes : s'il s'agit, par exemple, d'acquérir la propriété d'une chose au profit du pupille, le tuteur figurant à cet effet dans une « *manci-patio* » où dans une « *cessio in jure* » ne pourra que se porter acquéreur pour lui-même ; l'acte serait nul s'il venait affirmer le droit comme acquis au pupille.

Sans doute il était fâcheux pour un mandataire de se voir tenu d'obligations qu'il avait contractées pour le compte de son mandant, mais il avait volontairement accepté le mandat et plus tard si l'action « *mandati contraria* » ne le rendait pas indemne à cause de l'insolvabilité du mandant il n'avait à s'en prendre qu'à lui d'avoir accepté trop légèrement la mission dont on l'avait investi.

Cette théorie était autrement injuste en matière de tutelle ! Le tuteur, en effet, n'était pas libre d'accepter ou de refuser cette fonction qui était une charge publique ; aussi, à la fin de la tutelle, si, malgré la bonne administration et la diligence du tuteur, le pupille était insolvable, c'est le tuteur qui était lésé sans avoir rien à se reprocher.

Dangereux pour le tuteur, cet état de choses ne laissait pas d'être défavorable au pupille lui-même. Sans doute le tuteur devenu créancier ou débiteur des tiers avec lesquels il a traité dans l'intérêt du pupille, devra reporter sur la personne du pupille les conséquences juridiques des actes qui n'ont été faits que pour lui ; sans doute le pupille aura contre son tuteur l'action « *tutelæ directa* » pour faire rendre des créances et transférer des droits réels qu'il aura acquis par suite de la gestion de son patrimoine ; mais là encore le résultat à atteindre ne le sera pas d'une manière certaine et complète ; il peut se faire, en effet, que la fortune du tuteur soit insuffisante pour permettre au pupille de recourir utilement contre lui.

Le tuteur et le pupille pourront donc avoir à souffrir, chacun de leur côté, de ce que les effets d'un acte qui ne concerne que le pupille seul n'ait pu, à cause d'une règle peu en accord avec la nécessité pratique, se produire directement en la personne du véritable intéressé.

Un autre inconvénient résultait de ce fait que le tuteur, dans la « *negotiorum gestio* », devait agir en son propre nom, comme pour lui-même, sauf règlement à faire ensuite ; il y a en effet des opérations juridiques à effectuer pour le compte du pupille qui ne sauraient être faites, qu'au nom de celui-ci et par suite ne peuvent être accomplies que par lui. Pour tous les actes qui nécessitent l'intervention personnelle de l'intéressé, la « *gestio negotiorum* » sera impossible au tuteur.

En tête de ces actes, nous pouvons placer l'adrogation ; c'est la personne même de l'adrogé qui doit accomplir les solennités de cet acte si grave, qui rend d'ailleurs le pupille « *alieni juris* » et fera cesser la tutelle.

Il en est de même de l'adition d'hérédité ; il est clair, en effet, qu'un tiers n'a aucune qualité pour venir en son

propre nom faire adition d'une hérédité à laquelle il n'est
pas appelé. Or le tuteur ne peut agir au nom du pupille ;
il ne pourra donc faire adition au nom de son pupille. Telle
est du moins la rigueur du droit classique.

La même règle s'applique aux procès soutenus par le
pupille. Telle était la conception étroite des « *legis actiones* », que le titulaire du droit pouvait seul prononcer les
paroles nécessaires pour affirmer son droit et le déduire en
justice. Ici donc encore, si le pupille est « *infans* », et
que par suite il y ait impossibilité pour le tuteur de procéder par voie « d'*interpositio auctoritatis* », le tuteur ne
pourra pas non plus « *gerere negotia* » ; et cette difficulté
s'étendra à tous les actes juridiques pour lesquels la fiction
d'un procès est une condition de forme indispensable,
par exemple à toutes les applications de la « *cessio in
jure.* »

Tels étaient les deux moyens d'action que la loi romaine
mettait à la disposition du tuteur pour lui permettre de
remplir ses fonctions, ces deux procédés principaux n'arri-
vaient pas, à cause même de leurs inconvénients pratiques,
à satisfaire d'une manière absolument complète aux besoins
de la tutelle ; il restait toujours l'impossibilité de faire pour
le compte du pupille certains actes et des plus importants,
pendant la période de l' « *infantia* » ; il résultait encore des
inconvénients pratiques sérieux, ou de la difficulté d'employer le procédé de l' « *auctoritas* » avec ses solennités,
ou des conséquences du principe de la non représentation, si le tuteur agissait comme « *negotiorum gestor.* »

Vers la fin du droit classique, on changea cet état de choses, et cela à l'aide des actions prétoriennes utiles.

Ulpien rapporte une décision de Papinien aux termes de laquelle une action utile « *ex empto* » pouvait être dirigée contre l'ex-pupille lorsqu'un tuteur avait vendu une chose appartenant au pupille et que l'acheteur en avait été évincé après la fin de la tutelle (L. 4 § 1, 21, 2) ; il ajoute que le pupille est tenu pour le tout, même si le tuteur est insolvable. De même Papinien nous apprend (L. 5 pr. 26, 9) que ce n'est pas le tuteur qui sera poursuivi par l'action « *judicati* » après la fin de la tutelle : une action utile sera donnée contre le pupille ou contre ses héritiers. Dans ces deux textes, Papinien n'expose pas des règles particulières à l'action « *judicati* » et à l'action de garantie ; il fait l'application d'un principe général suivant lequel une personne à laquelle a été imposée l'administration du patrimoine d'autrui est déchargée du fardeau de ces obligations dès que sa mission est terminée ; et les actions résultant des contrats faits par elle sont données à titre d'actions utiles contre celui qui aurait dû figurer dans ces opérations, s'il avait pu diriger ses affaires. Dès lors on peut dire que, sa mission finie, le tuteur est censé avoir représenté le pupille, et devient alors complètement étranger au contrat qui produit tous ses effets juridiques dans la personne du pupille.

Un pareil résultat n'a pas été atteint du premier coup. Nous savons, au juste, la marche qui a été suivie pour y arriver, à propos de l'action « *judicati* », et il est probable

que cette marche a été suivie pour les autres actions. Le
tuteur, étant obligé à la « *defensio* » de son pupille, était
primitivement soumis à l'action « *judicati* » ; mais le préteur trouvant ce résultat inique, le corrigea au moins dans
certains cas et décida que, toutes les fois qu'il aurait été
obligé de plaider lui-même à cause de l' « *infantia* » ou
de l'absence du pupille, l'action « *judicati* » ne serait plus
donnée contre lui, après la cessation de ses fonctions, mais
serait donnée contre le pupille, à titre d'action utile (L. 2,
pr. 26,7).

Lorsqu'au contraire, le tuteur aurait pu se borner à
autoriser le pupille, et qu'il avait préféré agir lui-même,
l'action « *judicati* » était donnée contre lui, sa mission
terminée.

Plus tard, cette distinction fut supprimée, et, dans tous
les cas, il fut admis que l'ex-tuteur ne pourrait plus être
poursuivi par l'action « *judicati.* »

Une marche analogue fut très probablement suivie pour
les autres actions. Le tuteur n'en fut d'abord déchargé que
quand il avait été contraint, par l'absence ou l' « *infantia* »
du pupille, d'opérer lui-même dans le contrat. Mais,
dans le dernier état du droit, toute trace de cette distinction a disparu, et la règle générale se trouve au Code (L. 1,
5, 29) : « *Nam tutores, curatoresque finito officio non esse
conveniendos ea administratione pupillorum vel adoles-
centium, sœpe decretum est.* »

Il faut remarquer que cette faveur n'est accordée au
tuteur par le préteur que quand la tutelle a pris fin. Tant

qu'elle dure, il ne peut écarter les actions résultant d'obligations contractées par lui en sa qualité de tuteur, ce qui,
ne veut pas dire cependant qu'il puisse être condamné à
payer une valeur supérieure à la fortune du pupille (L. 43,
§ 1, 26,7).

Il y a cependant deux cas dans lesquels le tuteur restera tenu, même après avoir terminé ses fonctions. Le
créancier du pupille a stipulé du tuteur ce qui lui était dû
par l'emprunteur. Le tuteur a répondu à cette stipulation ;
en un mot, il a fait une novation. Le tuteur, même après
la tutelle, ne pourra pas repousser l'action « *ex stipulatu* »
car rien ne le forçait à faire cette stipulation (L. 5, *pr.*
26,9).

La même loi 5 (26, 9) *in fine*, nous fournit un second exemple de cas où le tuteur reste tenu d'une obligation après la durée de ses fonctions. Le tuteur a emprunté de l'argent en son nom personnel, puis il a employé
cet argent dans l'intérêt du pupille, il a payé, par exemple, une dette au payement de laquelle le père du pupille
avait été condamné. Le tuteur reste soumis à la *condictio
certi,* après la fin de la tutelle, à moins cependant que le
créancier n'ait contracté qu'en considération du pupille et
n'ait voulu que son argent servît à exécuter le jugement
rendu contre le père de famille. On peut donc dire d'une
manière générale que si le tuteur s'est obligé personnellement il restera tenu, même après la cessation de ses fonctions.

Ce que nous avons dit des droits actifs, nous pourrons

le dire des dettes passives. Autrefois, le tuteur devenu
créancier en vertu d'un contrat qu'il avait fait en qualité
de tuteur devait céder au pupille devenu pubère les actions
qui lui compétaient. Nous savons quelles complications et
quels dangers cette cession présentait. Le préteur arriva à
considérer cette cession comme ayant été effectuée et, la
tutelle finie, il permit à l'ex-pupille d'exercer à titre d'actions utiles les actions existant au profit du tuteur qui
fut désormais dépouillé du droit de les exercer (L. 2, 4,
C. 5 et 39).

Section III

La « *præstatio auctoritatis* » et la « *negotiorum gestio* »
n'étaient pas les seuls procédés dont pût se servir le tuteur
pour remplir sa mission. Nous avons vu que ces deux procédés étaient insuffisants ou dangereux du moins dans la
rigueur du droit romain. A côté de la « *præstatio auctoritas* » et de la « *negotiorum gestio* » se trouvaient certaines
facilités accessoires dont pouvait user le tuteur pour mener
à bien l'administration du patrimoine du pupille.

Il trouvait d'abord un secours utile dans les esclaves du
pupille. Ceux-ci acquéraient nécessairement, même sans
qu'il fût besoin d'ordre, les créances et droits réels à leurs
maîtres ; si donc le pupille était « *infans* » et ne pouvait
agir assisté de l' « *auctoritas* », le tuteur n'avait qu'à faire

figurer l'esclave dans la « *stipulatio* » ou la « *mancipatio* ».
Le tuteur pouvait aussi donner le « *jussus* » pour l'adition
d'une hérédité à laquelle l'esclave aurait été appelé.

Le droit prétorien admettait d'ailleurs que l'esclave pouvait obliger son maître par le contrat qu'il passait, pourvu
qu'il l'ait passé sur son ordre ou dans la limite du pécule
que le maître lui avait confié : il y avait alors contre le
maître action « *quod jussu* » ou « *de peculio* ». Or, il
n'est pas douteux que le tuteur pouvait donner à l'esclave
du pupille un « *jussum* » ou lui confier un pécule, et
c'était alors comme si l'impubère pleinement capable avait
agi pour lui-même : les actions étaient données contre lui.
Il y avait là pour le tuteur un moyen souvent facile d'échap-
per à la nécessité d'engager son propre patrimoine pour les
affaires du pupille.

Il avait été aussi admis que la règle qu'on ne peut être
représenté ni par suite acquérir « *per extraneam personam* », ne s'appliquait pas en matière de possession. Deux
éléments constituaient la possession : le « *corpus* » et l'
« *animus* » ; la possession pouvait être acquise à celui qui
ne détenait pas matériellement l'objet, pourvu que l'on
reçût le « *corpus* » en son nom, mais il devait avoir
l' « *animus* ». Dans le cas qui nous occupe et par exception à la règle, le tuteur pouvait recevoir la possession pour
le pupille, appréhender le « *corpus* » en son nom et avoir
pour lui, à sa place, l' « *animus domini* ». Il en était de
même à l'inverse pour transmettre la possession à un tiers.

La dérogation aux principes était ici non pas quant au

« *corpus* », mais à l' « *animus* » que le tuteur pouvait avoir
pour le pupille, le représentant vraiment sur ce point,
comme tout à l'heure pour le « *jussum* » à donner à un
esclave. Ceci avait été admis à l'époque classique « *utili-
tatis causa* », quand toutes les théories de la possession et
des obligations de l'esclave se développèrent.

Il est aisé de saisir toute l'importance qu'avaient en
matière de tutelle ces règles spéciales à la possession. Le
tuteur pourra ainsi acquérir ou aliéner au nom du pupille
les choses susceptibles de possession et plus tard de quasi
possession toutes les fois que la tradition et plus tard la
quasi-tradition suffira pour transférer la propriété ou un
autre droit réel, la « *mancipatio* » et la « *cessio in jure* »
tombant de jour en jour dans l'oubli, la tradition devint
sous Justinien le seul mode pratique de transmission de la
propriété entre-vifs, ce qui simplifia étrangement en matière
de tutelle, les formalités de l'ancien droit.

CHAPITRE III

DES FONCTIONS DU TUTEUR

Quand le pupille n'est plus « *infans* » et qu'il est présent, le tuteur a le choix ou de se servir de la « *præstatio auctoritatis* », ou de « *negotia gerere.* » Mais dans l'un et l'autre cas, ses pouvoirs ne sont pas sans limites, et tous les actes ne lui sont pas permis.

Le patrimoine dont le tuteur dispose n'est pas à lui, et en créant la tutelle, la loi a dû poser des règles générales, puis des limites aux pouvoirs du tuteur, tout en lui reconnaissant une liberté d'action assez étendue.

Nous distinguerons entre les actes extra-judiciaires et les actes judiciaires, à titre onéreux ou à titre gratuit, facultatifs ou obligatoires.

SECTION I

Des actes extra-judiciaires.

L'un des premiers actes par lequel le tuteur doit commencer sa gestion, c'est la vente des choses « *quæ sunt periculo subjectæ, quæ tempore pereunt* », c'est-à-dire

de tous les meubles du pupille et de ses maisons de ville
« *prædia urbana.* » Par maisons de ville, on entend, dit
Ulpien, « non-seulement tous les édifices situés dans les
villes, mais encore les maisons situées à la campagne et les
maisons d'agrément ; car un fonds est urbain non pas à
raison du lieu où il est situé, mais à raison de sa destina-
tion ; d'où il suit que si des jardins sont joints à une maison pour son agrément, ils sont compris dans l'expression
de *prædia urbana.* Mais si ces jardins sont d'un grand
revenu en vignes ou en olives, la maison ne sera plus un
prædium urbanum » (D. 50, 16, L. 198).

L'obligation pour le tuteur de vendre les choses sujettes
à dépérissement était si étroite, qu'un testateur, en laissant
au pupille sa succession, n'aurait pu en affranchir le tuteur
(D. 26, 7, L. 5, § 9). « Ce qui est si vrai, dit Ulpien, que
les tuteurs pouvaient ne pas suivre la volonté du père, s'il
avait voulu qu'on ne vendit aucun de ses meubles, ni ses
esclaves, ni sa garde-robe, ni sa maison, ni telle autre chose
sujette à dépérir. »

Le tuteur pouvait cependant conserver, même parmi les
choses sujettes à dépérir, des objets pouvant servir à l'usage
purement personnel du pupille : à quoi bon forcer le tuteur
à vendre aujourd'hui ce qu'il eût été obligé de racheter
demain ? Aussi était-il autorisé à conserver quelques esclaves, et le nombre en variait, « *secundum dignitatem,
facultatesque pupilli* » ; les choses destinées au service ou
à la consommation du pupille, telles que des produits ali-

mentaires et des animaux servant à l'exploitation des biens, étaient aussi exceptés de la règle générale.

D'ailleurs le tuteur ayant dressé l'inventaire des biens du pupille aura toujours à justifier plus tard de l'emploi des objets portés sur cet inventaire.

Le tuteur qui ne procédait pas à la vente des choses susceptibles de détériorations ou qui la différait, supportait les conséquences de sa faute (L. 7, § 1, D., 26, 7). Nous lisons encore dans un rescrit de Philippe que le tuteur, et non le pupille, était responsable de la perte des objets non vendus, cette perte fût-elle due à un cas fortuit (C. 5, 38, L. 3).

Telle était la règle formelle à l'origine ; mais au commencement du iv* siècle de l'ère chrétienne, Constantin vint renverser le principe que nous venons de poser : l'obligation imposée au tuteur de vendre les meubles appartenant au pupille se transforme pour lui en défense de les aliéner « *sine interpositione decreti* ». Ainsi, à partir de Constantin, le tuteur ne devait plus convertir en deniers « *aurum, argentum, gemmas, cœteraque mobilia pretiosa, urbana etiam prœdia et mancipia, domos, balnea, horrea, atque omnia quæ intra civitatem sunt* » toutes choses qu'auparavant on lui aurait imputé à faute de n'avoir pas vendues (C. 5, 37, L. 22).

Le tuteur en entrant en charge ne trouvera dans le patrimoine du pupille que des « *prædia* » ou des meubles. Des capitaux plus ou moins considérables peuvent se trouver sans emploi. Le tuteur devra alors s'adresser au magistrat qui déterminera à partir de quelle somme emploi devra être fait des deniers pupillaires et quel sera le mode d'emploi. Tant que le chiffre fixé n'était pas atteint, le tuteur devait conserver les sommes disponibles. Toutefois on peut demander le dépôt même des plus petites sommes dans certaines circonstances, telle que celle où le tuteur paraîtrait suspect (D. 26, 7, L. 5, pr. *in fine*).

Ce que je dis des deniers pupillaires que le tuteur trouve dans le patrimoine du pupille à son entrée en fonctions, doit s'étendre à ceux qu'il reçoit des débiteurs du pupille au fur et à mesure des échéances. Dans ce cas, un délai de six mois est accordé au tuteur pour faire rentrer les sommes dues à la succession et les employer. Le délai est de deux mois pour toutes les autres sommes. A partir de l'expiration de ce délai, il doit les intérêts de toute somme non employée. Il doit même les intérêts immédiatement et sans délai quand il a employé une somme quelconque à son profit personnel « *in suos usus converterit.* »

Le tuteur doit acquitter les dettes du pupille; et s'il est lui-même au nombre des créanciers du pupille, il doit se payer de ses propres mains : ceci, bien entendu, en supposant qu'il soit devenu créancier au cours de la tutelle, par suite d'une succession par exemple. Il est même toujours censé l'avoir fait, et il ne serait pas admis à alléguer le contraire à la fin de la tutelle. Il résulte de là que si considérables que soient les intérêts dus par le pupille à celui qui devient son tuteur, ces intérêts cessent de courir dès que celui-ci entre en fonction, et le pupille se trouve aussitôt libéré (D. 26, 7, L. 9 §. 5).

Le tuteur a encore le droit de faire directement le bail des « *prædia* » du pupille. Toutefois, il y a lieu de se demander s'il a le pouvoir de les conclure pour une durée sans limites. Rigoureusement les principes nous porteraient à dire que le tuteur ne peut être entravé d'aucune manière dans les baux qu'il passe des biens du pupille, et nous irions même jusqu'à lui accorder le droit de faire un contrat d'emphytéose, parce que, suivant l'opinion qui a prévalu, ce n'est pas là un acte de disposition. Cependant il est bien difficile d'admettre qu'un acte qui dépouille de la jouissance de ses biens le pupille à perpétuité ou pour un temps très long qui s'étendra même après l'expiration de la tutelle, soit un simple acte d'administration. Nous pensons donc, eu égard au silence des textes, qu'il y avait une question de fait à examiner ; le pouvoir d'administration du tuteur recevait probablement un frein semblable à celui que nous trouvons en droit français, dans la limitation à une période de neuf ans des baux passés par le tuteur.

En ce qui touche l'emphytéose, sans avoir de texte précis, il semble qu'on puisse, pour refuser au tuteur le droit de faire ce contrat, tirer un argument d'analogie de la loi 3, § 5 (D. 27, 9), qui ne lui permet pas de constituer un usufruit ou une servitude sur les « *prædia* » du pupille. Le paragraphe précédent de la même loi, qui nous dit que le tuteur ne peut aliéner un droit d'emphytéose appartenant au pupille, appelle l'emphytéose un droit réel « *quam-*

vis jus prædii potius sit › : et par là le met sur la même
ligne que la servitude ou l'usufruit.

En qualité d'administrateur, le tuteur doit veiller à la
conservation des biens du pupille. Dans cette obligation
générale rentrent les obligations particulières de faire les
réparations d'entretien et même les grosses réparations, de
s'opposer à l'usucapion et à la « *præscriptio longi tem-*
poris › qui pouvaient s'accomplir contre le pupille et à
l'inverse d'invoquer celles qui pouvaient s'accomplir à son
profit. Le tuteur doit encore veiller à la mise en rapport des
biens du pupille ; il doit les faire cultiver par ses esclaves,
en vendre les récoltes et les produits divers aux meilleures
conditions ; il doit même accomplir les améliorations utiles
et, pour cela, s'il le faut, agrandir les « *prædia* › du
pupille par des constructions nouvelles qui en augmentent
la valeur.

Le tuteur doit aussi faire accepter par le pupille les
successions avantageuses qui peuvent lui être déférées,
ainsi que les legs et les donations soit entre-vifs, soit à
cause de mort, et, si ces donations sont accompagnées
d'une charge à exécuter ou d'une condition à accomplir, le
tuteur ne doit pas négliger d'y satisfaire, sous sa responsabilité. Constantin nous dit, en effet, que « *pupillorum*
defensores, si per eos donationum conditio neglecta est,
rei amissæ periculum præstent › (C. 5, 37, L. 21).

C'est au tuteur qu'incombe le soin de subvenir aux dépenses d'entretien et d'éducation du pupille, et il doit le faire
en proportionnant les dépenses au rang social et à la for-

tune du pupille. Mais il n'en faut pas conclure que le tuteur était chargé de la personne physique et morale du pupille. Il n'a ici qu'une fonction toute pécuniaire, celle de verser entre les mains de la personne que le magistrat a choisie pour lui confier la direction du pupille les sommes qui lui sont nécessaires pour remplir cette mission. Le tuteur doit, en principe, respecter le capital, et même autant que possible, ne pas épuiser entièrement les revenus du pupille. Il est rare, en effet, qu'un enfant n'ait pas de revenus suffisants pour subvenir aux dépenses d'une éducation qui soit en rapport avec son rang. Mais il peut arriver, au contraire, que ce soit pour le tuteur un acte de sage administration que d'employer tout ou partie du capital de l'impubère, à développer des facultés, des talents exceptionnels qui s'annonceraient chez le pupille et qui pourraient devenir plus tard pour lui une source de grande richesse. Il y a là une question d'appréciation dont le tuteur n'est pas seul juge, puisque le magistrat fixe le chiffre des dépenses.

Avant même la fin de la tutelle, une sanction existe pour le cas où le tuteur aurait mensongèrement nié avoir entre les mains des fonds suffisants pour subvenir aux frais d'éducation du pupille. Ulpien nous l'indique. Après avoir dit que le tuteur doit les « *legitimæ usuræ* » dans le cas où il n'a pas fait le dépôt et l'emploi des deniers pupillaires ou ne l'a fait que tardivement, Ulpien ajoute : « *Idem solent facere prætores etiam circa eos tutores qui negant*

Trouard   5 *habere ad alendos pupillos pœnes se aliquid* (D. 26, 7, L. 7, §§ 7 et 8).

Le principe général est donc la possibilité pour le tuteur de faire seul tous les actes que nécessitera l'administration du patrimoine du pupille. Mais cette règle, vraie à l'origine du droit, a reçu à différentes époques des modifications sérieuses, et nous allons rechercher quels sont les actes pour lesquels, tout en maintenant au tuteur le pouvoir de les faire, on a exigé l'intervention du magistrat, sans le « *decretum* » duquel l'acte passé par le tuteur n'aurait eu aucune valeur.

L'an 195 de l'ère chrétienne fut rendu sur la proposition de Septime-Sévère, un sénatus-consulte dans le but de conserver aux pupilles les biens les plus importants de leur patrimoine. D'après ce sénatus-consulte, en effet, les tuteurs perdent le droit d'aliéner seuls les « *prædia rustica vel suburbana* », c'est-à-dire les immeubles situés en dehors des villes. On voulait ainsi empêcher le tuteur de détruire la substance du patrimoine du pupille et de mettre à la place d'un immeuble peu sujet à des pertes ou à des dépréciations d'autres biens d'une valeur moindre ou d'une moins grande solidité (D. 27, 9, L. 1 pr.).

Le § 2 de la même loi, qui contient l'*oratio* du prince, ne fait à cette prohibition que de rares exceptions.

La première exception est relative au cas où les « *prædia rustica vel suburbana* », faisant partie des successions échues au pupille, les parents de qui il les tient ont eu soin de spécifier dans leur testament ou dans des codicilles que la vente pourrait avoir lieu : « *Nisi ut id fieret paren-tes testamento vel codicillis caverint.* » Dans ce cas, le tuteur peut aliéner seul les « *prœdia rustica vel subur-bana* » du pupille.

L'« *oratio severi* » indique encore d'autres hypothèses où l'aliénation pourra avoir lieu, et cette fois sans l'obten-tion du « *decretum* », du magistrat, parce que l'aliénation sera forcée.

Si l'immeuble n'est entré dans le patrimoine du pupille que grevé d'un droit de gage ou d'hypothèque, soit du chef de son père, soit plus généralement du chef du précédent propriétaire, le créancier ne saurait être frustré de son droit de vendre.

S'il s'agit d'un immeuble *indivis* entre le pupille et un majeur de vingt-cinq ans, le partage provoqué par le copropriétaire majeur aurait les effets ordinaires d'un par-tage, et pouvait aboutir à enlever au pupille tout ou partie de son droit *indivis*.

Nous croyons qu'il faut généraliser ces deux dernières exceptions et admettre la validité de l'aliénation toutes les fois qu'elle ne prendra pas son principe dans l'initiative du tuteur, mais qu'elle aura une cause nécessaire. Ulpien, donnant cette décision en dehors du texte même du séna-tus-consulte pour le cas d'une juste revendication du « *prœ-dium rusticum vel suburbanum* » du pupille, nous autorise à étendre l'exception à tous les cas semblables, ou selon ses expressions « *hœc alienatio non sponte tutorum erit* » (l. 3, § 2 et 3, D. 27, 9), la loi 1 au Code (5, 71) semble par la généralité de ses termes confirmer cette décision.

Une autre disposition du sénatus-consulte prévoit l'absolue nécessité de réaliser, pour payer les dettes considérables du pupille, une somme suffisante qu'on ne pourrait trouver autrement que par l'aliénation de ces « *prœdia* » parce que les autres biens du pupille ne sont pas assez importants. Mais ici il y a une question d'appréciation dont le tuteur ne reste pas juge. C'est au préteur urbain qu'est confié le soin d'examiner quels « *prœdia* » doivent être aliénés ou hypothéqués. Après cet examen, il rend un décret d'autorisation et le tuteur n'est plus qu'un agent d'exécution.

Ce n'est qu'en cas d'absolue nécessité, et, comme le dit très bien Ulpien : « *si œs alienum immineat* » que le préteur doit décréter l'aliénation. Pour arriver à reconnaître cette nécessité, c'est-à-dire pour se rendre compte qu'il n'y a pas pour le pupille d'autres moyens de s'acquitter envers ses créanciers et d'éviter la « *venditio bonorum* », le préteur doit connaître exactement la situation du patrimoine du pupille et pour cela il doit consulter ceux qui peuvent le mettre au courant, c'est-à-dire les parents, les amis, les familiers, même les affranchis du pupille, et, si ceux-ci sont suspects, il doit se faire rendre des comptes par le tuteur (D. 27, 9, 4, L, §§ 9, 11, 14).

Le pupille a d'ailleurs une action contre le magistrat pour le cas où il pourrait prouver que celui-ci a frauduleusement rendu son *decretum* d'autorisation.

En défendant aux tuteurs de « *distrahere* » les *prædia
rustica vel suburbana* » du pupille, ce n'est pas seulement
de la vente proprement dite que Septime-Sévère entend
parler, mais de tout acte dont le résultat est l'aliénation de
ces biens.

Le but même qu'on a voulu atteindre par cette prohibition et l'expression employée « *distrahere* » suffiraient à
établir cette solution, si nous ne la trouvions très nette-
ment exprimée dans plusieurs textes. C'est en effet ce que
nous dit la loi 15 au Code (5, 71) pour la « *datio in so-
lutum* » ; la loi 4 (*eod. tit.*) pour la transaction, l'échange,
vel àlio quodammodo » ; la loi 3 § 4 (D, 27, 9) pour
l'emphytéose ; la même loi § 5 pour l'usufruit « *quamvis
oratio nihil de usufructu loquatur.* » L'usufruit qu'aurait
le pupille sur un *prædium rusticum vel suburbanum*, ne
pourrait, nous dit ce texte, être aliéné d'aucune manière,
et, si le tuteur le laissait éteindre « *non utendo* » il devrait
être rétabli. Le même texte nous apprend qu'aucune servitude ne peut être constituée sur le fonds du pupille, de
même que le tuteur n'a pas le pouvoir de faire l'abandon
d'un droit de servitude qui existerait au profit de ce fonds.

Le tuteur ne peut pas davantage « *sine decreto* » consentir une hypothèque sur les biens du pupille.

Ulpien nous donne sur l' « *oratio severi* » (l. 1 § 4,
D. 27, 9) une décision qui parait singulière. Si, dit-il, le
pupille qui a acheté des « *prædia rustica vel suburbana* »
les laisse au vendeur à titre de gage jusqu'à ce que le prix
lui ait été payé, cette constitution de gage est nulle, car,

dès que la propriété du fonds a passé sur la tête du pupille, celui-ci se trouve dans l'impossibilité de l'engager.

Paul, dans la loi 2, au même titre, donne la même solution en ajoutant qu'elle ne s'applique pas au cas où le pupille a acheté du fisc, et que dans ce cas le gage est valable. Nous ne voyons pas clairement une raison équitable de favoriser ainsi le fisc et de ne pas favoriser également les vendeurs ordinaires. C'est là, de plus, croyons-nous, mal comprendre l'intérêt du pupille, qui doit être de ne pas écarter les vendeurs. Toutefois, Paul nous apprend que, sur la demande des parties, l'empereur pouvait, par un rescrit, confirmer le gage au profit d'un particulier.

Ulpien permet avec raison au tuteur (D, 27, 9, L. 5, § 3) l'aliénation du *prædium* donné en gage au pupille ; il ne permet pas au contraire, l'aliénation de l'immeuble dont le pupille a obtenu la possession « *jure dominii* » par exemple « *ex causa damni infecti.* »

En effet dans le premier cas, le fonds est vendu comme chose du débiteur, et non pas du pupille ; il n'en peut plus être de même dans l'autre hypothèse où nous rentrons dans l'application du sénatus-consulte, l'immeuble appartenant à l'impubère.

L'aliénation du « *prædium* » faite par le tuteur malgré la défense du sénatus-consulte et en dehors des cas exceptionnels où elle est prononcée est absolument nulle, et le pupille peut revendiquer son bien en quelques mains qu'il se trouve (C. 5, 71, L. 2, 15, 16).

Cette aliénation pouvait du reste, être confirmée d'une

manière spéciale quand le pupille était devenu capable.
Elle pouvait même devenir inattaquable sans confirmation
expresse, si après cette époque, on avait laissé passer cinq
ans sans réclamation (C. 5, 74, L. 2 et 3).

Mais si nous nous trouvons dans un cas exceptionnel où
l'aliénation est permise, la preuve de la lésion doit être faite
pour que la « *restitutio in integrum* » soit admise (C. 5,
71, L. 11).

Constantin compléta les dispositions de ce sénatus-
consulte en les étendant aux « *prœdia urbana* », comme
nous avons vu plus haut ; il les exagéra même en les ap-
pliquant à certains meubles précieux dont nous avons
donné l'énumération.

Le sentiment qui a inspiré la constitution de Constantin,
c'est la crainte de la « *fraus tutoris* », la défiance contre
les tuteurs. La défiance contre les tuteurs est si grande,
que le pupille est placé sous la protection du préteur
urbain pour la garantie de son patrimoine.

Si telle était la défiance qu'inspiraient les tuteurs, on
comprendra facilement que toute une série d'actes leur ait
été interdite ; les actes à titre gratuit, c'est-à-dire tous ceux
qui par leur nature même et sans attendre leur résultat définitif, se présentent comme tendant à appauvrir le pupille.

Toute libéralité faite par le tuteur au moyen des biens du
pupille est radicalement nulle ; c'est ce que nous apprend
Paul : « *donationes ab eo factœ pupillo non nocent* ». Et
cela quelque nom qu'elle porte, qu'il s'agisse du transport
à titre gratuit de la pleine propriété d'un objet appartenant

au pupille, ou bien de la constitution d'une servitude sur ses biens ; qu'il s'agisse encore d'un affranchissement ou d'une promesse faite *animo donandi*, ou bien d'une remise de dette ou d'une renonciation à un droit de servitude.

Ce ne sont pas seulement les donations proprement dites qui sont défendues au tuteur, ce sont également tous actes gratuits, par exemple un commodat, un précaire. Le tuteur, s'il faisait ces actes, manquerait en effet à sa mission, qui est de conserver tout au moins, sinon d'augmenter les biens du pupille.

Nous avons dit que les affranchissements des esclaves du pupille étaient interdits au tuteur. Cette proposition serait trop absolue si nous ne la tempérions par les restrictions que la loi Ælia Sentia y apporte. Cette loi qui prononce en général la nullité des affranchissements faits par un mineur de vingt ans et par conséquent par un impubère muni de l' « *auctoritas tutoris* », les lui permet dans le cas où l'affranchissement est déterminé par une « *justa causa* » c'est-à-dire dans le cas où l'intérêt légitime du mineur détermine l'affranchissement. Mais comme alors il faut éviter pour le pupille toute diminution du patrimoine qui ne serait pas absolument nécessaire au but à atteindre, c'est-à-dire de procurer la liberté à l'esclave, Paul nous apprend que le pécule fait retour au maître.

Dans notre droit français, on admet généralement que le tuteur peut faire valablement et sans avoir besoin pour cela d'aucune autorisation, ces petites libéralités qu'il est d'usage de faire dans certaines circonstances et qui, sans être imposées par un texte de loi, sont entrées dans nos mœurs et sont pour ainsi dire obligatoires. Il y a lieu de se demander s'il en est ainsi en droit romain et si l'on doit faire dans ces cas une exception au principe qui défend au tuteur tout acte à titre gratuit. Un point certain et résolu par les textes, c'est que le tuteur peut et doit même, au nom du pupille, à l'éducation duquel (*moribus*) il est préposé, procurer aux maîtres qui l'instruisent des salaires proportionnés à la fortune du pupille. Il doit également fournir des aliments aux esclaves, aux affranchis et quelquefois même à des étrangers « *si hoc pupillo expediat* » et ces derniers mots semblent indiquer la même raison pour laquelle on lui permet dans certains cas les affranchissements (D. 26, 7, L. 12, § 3). Il peut encore « *decreto interveniente* » faire une pension alimentaire à la mère ou à la sœur du pupille qui se trouve dans le besoin. Mais les textes ajoutent que le tuteur ne peut faire aux mêmes personnes des cadeaux de noce et Ulpien, d'après Labéon, nous en donne la raison : *Nec necessaria est ista muneratio.* » Il semble résulter de là qu'il y a des « *munerationes* », cadeaux de noce ou autres qui sont au contraire « *necessariæ* » et c'est ce que reconnaît très explicitement la loi 12, § 3, (D, 26, 7) en disant du tuteur « *Solemnia munera parentibus cognatisque mittet.* »

Cette règle absolue que le tuteur ne peut par des actes gratuits appauvrir le patrimoine du pupille s'applique de quelque manière que l'acte puisse être passé ; soit qu'il soit fait par le tuteur directement, soit que celui-ci le fasse accomplir par le pupille en lui fournissant son « *auctoritas* ». L'acte serait donc nul « *ipso jure* » et les tiers ne pourraient s'en prévaloir en aucune manière.

Le pupille conserverait la revendication des objets aliénés, la créance abandonnée « *per acceptilationem* » et ne serait soumis à aucune action pour les promesses faites par le tuteur en son nom ou par lui-même muni de « *l'auctoritas tutoris.* »

Parmi les actes extra judiciaires que nous venons d'examiner, les uns sont permis, puisqu'ils rentrent dans la fonction générale de tuteur ; les autres sont défendus parce qu'ils tendraient à un appauvrissement immédiat ou médiat du pupille ; d'autres ne peuvent, à cause de leur nature même, être accomplis par le tuteur.

Il est en effet des actes qui, dans les idées des Romains, n'admettaient d'autre concours que celui de la personne intéressée et que le tuteur n'avait pas le choix de faire seul ou de faire faire au pupille muni de son « *auctoritas* » et où il ne lui restait plus que son pouvoir d'*auctor*.

Quand le pupille était présent, sorti de « *l'infantia* » et d'accord avec son tuteur, aucune difficulté ne se présentait ; mais qu'arrivait-il dans le cas inverse, c'est-à-dire lorsque le pupille est « *infans* » ou absent, ou encore que présent et sorti de « *l'infantia* », il est en désaccord avec son tuteur, et que cependant, il est nécessaire aux intérêts du pupille d'accomplir un acte extra judiciaire qui exige la présence du véritable intéressé ?

Nous nous occuperons plus loin des actes judiciaires et aussi des actes juridiques qui empruntent leur forme solennelle aux actes judiciaires ; nous examinerons donc ici seulement les ‹ *actus ligitimi* › autres que les dérivés des ‹ *legis actiones.* ›

La ‹ *mancipatio* › suppose la présence effective des contractants, elle suppose le fait personnel de l'acquéreur et de l'aliénateur : nous n'en concluons pas cependant que lorsqu'il sera nécessaire de faire une acquisition ou une aliénation impossible par simple tradition, l'action du tuteur se trouvera paralysée par ‹l'*infantia*›, l'absence ou le mauvais vouloir du pupille. Le tuteur, s'il s'agit d'acquérir, recevra la tradition de la chose, dont la propriété passera de suite au pupille si elle est ‹ *nec mancipi,* › au bout d'une ou deux années si elle est ‹ *res mancipi.* › S'il s'agit au contraire d'aliéner, le même résultat sera produit au sens inverse. Neratius nous dit : *Tutor pupilli, pupillæ, similiter ut procurator emendo nomine pupilli, pupillæ, proprietatem illis adquirit etiam ignorantibus* › (D. 41, 1, L. 13, § 1), et réciproquement nous trouvons au Code (5, 37 L. 16), le texte suivant : ‹ *tutores administrationis causa distrahentes quæ is venundare licet, justam causam possidenti comparantibus præstant.* ›

Dans la formule de la stipulation ou de la promesse, il est impossible au tuteur de faire figurer le nom du pupille de manière à rendre celui-ci lui-même créancier ou débiteur. Mais le tuteur peut promettre lui-même ou stipuler son propre fait et plus tard on transférera l'action activement ou passivement en la personne du pupille. Si le tuteur veut atteindre le but plus directement, il donnera à un esclave du pupille l'ordre de stipuler ou de promettre, et le pupille, maître de l'esclave, acquerrera immédiatement l'action « *ex stipulatu* » ou sera tenu de l'action « *quod jussu.* »

La forme de l'acceptilation que nous donne Gaïus (*Com.* 3, § 169) implique la présence du stipulant et du promettant. Comment donc s'y prendre quand cet acte sera nécessaire et que le pupille ne pourra y figurer lui-même ? Sans doute, nous dit Ulpien, le tuteur ne pourra pas « *acceptum ferre* » mais il pourra recourir à la novation, stipuler du débiteur du pupille ce qui est dû à ce dernier, ou promettre au créancier du pupille ce que ce dernier lui doit : le tuteur deviendra ainsi créancier ou débiteur à la place du pupille et pourra alors faire ou recevoir une acceptilation qui produira les mêmes effets que si elle était faite par le pupille lui-même (D, 46, 4, L. 13, § 10).

Le tuteur peut encore arriver au même résultat par un procédé différent. Il peut, si c'est le pupille qui est débiteur, conclure avec le créancier un pacte « *de non petendo* » par lequel celui-ci s'engagera à ne pas réclamer ce qui lui est dû. Le pupille n'en sera pas moins obligé, parce que le pacte n'est pas un mode d'extinction « *ipso jure* » des obligations ; mais si le créancier s'avise de réclamer « *contra pactionem* » le tuteur le repoussera par l'exception « *pacti conventi.* »

Les mêmes effets se produiraient en sens inverse, si, au lieu d'être débiteur, le pupille se trouvait être créancier.

Le tuteur peut consentir au débiteur un pacte « *de non petendo.* »

L'adition d'hérédité est aussi un acte qui exige l'intervention personnelle, le fait ou la volonté de l'héritier lui-même. C'est donc là un acte dans lequel le tuteur ne peut, d'après les principes, suppléer le pupille, et qui, pendant « l'*infantia* » ou l'absence du pupille ne peut s'accomplir par la « *prœstatio auctoritatis* ». Le droit civil, le droit prétorien, la volonté du testateur lui-même, offrent au pupille diverses protections : s'agit-il de l'hérédité de son père, le droit civil le déclare héritier sien et nécessaire, il est investi de plein droit et sans aucune manifestation de volonté (*Sent.* 2, 19, § 2).

Si, au contraire, le pupille est appelé à une hérédité comme « *hœres extraneus* », par dérogation au droit commun, on admettra que le pupille peut, dès qu'il est capable d'articuler des paroles, quoique non sorti de l'*infantia*, faire adition « *tutore auctore* » (D. 29, 2, L, 9).

Les jurisconsultes romains trouvaient dans le droit prétorien un autre moyen d'arriver au même résultat, c'est-à-dire de faire acquérir au pupille « *infans* » ou absent l'hérédité à laquelle il était appelé. Ils admirent, en effet, que lorsque le pupille serait « *bonorum possessor* » d'après le droit prétorien, le tuteur pourrait, pour le compte du pupille, demander au préteur la « *bonorum possessio* », qui fait acquérir la propriété des biens de la succession après le temps requis pour l'usucapion (D. 26, 8, L, 11).

La volonté prudente du testateur peut aussi venir au

secours du pupille : « *Infanti non dubito omni modo sub-veniendum* » (D. 36, 1, L, 65, § 3). Le testateur, au lieu d'instituer le pupille, peut instituer l'esclave du pupille : cet esclave fera adition « *jussu tutoris* » et acquerra l'hérédité pour le compte du pupille.

Le testateur peut encore instituer un tiers et le gréver d'un fidéicommis d'hérédité envers le pupille. Dans ce cas, le tuteur a qualité pour recevoir la restitution du fidéicommis, et il pourra même forcer l'institué à faire adition s'il s'y refuse (D. 36, 1, L, 65, § 3).

Tel était le droit classique : les constitutions édictées par Théodose et Valentinien, en 407 et 426, décidèrent que tant que le pupille ne serait pas sorti de « *l'infantia* », le tuteur serait admis à faire adition en son nom. Nous avons vu quelle est la véritable innovation créée par ces constitutions.

On comprend que le droit romain ait cherché tous les moyens de procurer au pupille le bénéfice de l'adition d'hérédité : mais en ce qui touche la répudiation d'une hérédité, l'insuffisance des pouvoirs du tuteur est sans danger pour le pupille, puisqu'il n'est pas de plein droit investi de l'hérédité. Dans le cas où le pupille est « *heres necessarius* », il n'y a pas de répudiation proprement dite ; le tuteur pourra procurer à son pupille le bénéfice d'abstention (C. 5, 51, L, 4) et sans doute aussi celui de la « *bonorum separatio.* »

A la répudiation d'une hérédité il faut assimiler la répudiation d'une « *bonorum possessio.* » Deux textes sont en effet formels pour nous faire savoir que le tuteur doit ici se borner au rôle d' « *auctor* » (D. 37, 1, l. 8 ; 38, 9, L, 1, § 4).

Nous avons dit plus haut que l'adrogation de l'impubère supposait nécessairement que le pupille avait dépassé l' « *infantia.* »

SECTION II

Des actes judiciaires.

Dans le système originaire de procédure des Romains, il fallait pour intenter une action en justice, accomplir de nombreuses et rigoureuses formalités et prononcer des « *verba solemnia* », des « *verba certa* » que les patriciens, dépositaires exclusifs du droit civil à cette époque, imposaient à tout plaideur. C'est là le système des « *legis actiones* », qui fut remplacé dans le courant du v° siècle de Rome, par un système plus rationnel, le système formulaire. « *Olim*, nous dit Gaïus (C. 4, § 82), *quamdiu legis actiones in usu fuissent, alterius nomine agere non liceret, nisi pro populo et libertatis causa.* » Cette règle est d'ailleurs posée en principe par Ulpien sous la forme d'axiome : « *Nemo alieno nomine agere potest* » (D. 50, 17, L. 123 pr.), Il suit de là que d'après la rigueur des principes le tuteur ne pouvait agir « *legis actione* » au nom du pupille ; sans doute cette impossibilité n'aura aucun inconvénient pour le pupille dès que le tuteur pourra lui fournir son « *auctoritas* » pour le rendre capable d'accomplir lui-même les formalités qui ne peuvent être accomplies « *alieno nomine* » ; mais dans le cas où le pupille est « *infans* » ou absent, nous savons que de toute nécessité le tuteur doit le remplacer, et que le tuteur ne peut se servir de la « *præstatio auctoritatis* ». Dès lors il n'y avait aucun moyen d'agir « *legis actione* », et il fallait évidemment créer une exception nouvelle à cette règle : « *Nemo alieno nomine lege agere potest.* » Cette exception était sans doute indiquée dans le § 82 du Com. 4 de Gaïus ; mais ce paragraphe ne nous est pas parvenu en entier. Nous trouvons au contraire cette exception constatée par Justinien (Instit. 4, 10, pr.) : « *Cum olim in usu fuerit alterius nomine agere non posse, nisi pro populo, pro libertate, pro tutela.* »

Avec les « *legis actiones* » disparut la règle que « *nemo alieno nomine lege agere potest.* » Sous le système formulaire, le tuteur peut en qualité d'administrateur, représenter le pupille en justice, intenter pour lui des actions ou y répondre (D. 26, 7, M, 1, § 2).

Toutefois, il existe encore, même sous le régime formulaire, des cas où il est difficile d'admettre que le tuteur puisse, d'après les principes, agir à la place du pupille. Ainsi, il y a une partie de la formule, l' « *adjudicatio* », qui autorise le juge à attribuer la propriété de l'objet litigieux à l'une des parties, par exemple, s'il s'agit d'une action en partage entre cohéritiers ou associés, ou propriétaires indivis, s'il s'agit d'une action en bornage, dans ces différents cas, la formule porte : « Le juge adjugera à Titius ce qui doit être adjugé (G. Com. 4, § 42). » L'intervention personnelle du pupille, de Titius, paraît ici nécessaire : si le tuteur intervenait, ce serait à son profit, à lui, tuteur, que serait prononcée l' « adjudicatio », et il se trouverait obligé de reporter sur la personne du pupille, le bénéfice de la sentence.

Gaïus semble indiquer (Com. 4, § 83) une autre hypothèse où le tuteur ne peut se substituer au pupille pour accomplir un acte juridique : c'est le cas où il s'agit de constituer un « cognitor » au pupille. Gaïus dit, en effet, que la constitution du « cognitor » ne peut se faire qu'en présence de l'adversaire et au moyen de paroles solennelles : « Relativement au fonds de terre que je vous réclame, je constitue pour « cognitor » dans cette affaire, Lucius Titius. » Il semble que le pupille doive prononcer ces paroles lui-même, car il affirme sa propriété.

D'ailleurs, au « cognitor » pouvait être substitué, sans aucune formalité et par le tuteur même, un « procurator » qui rendait les mêmes services au pupille. Mais la constitution d'un « cognitor » n'a pas le même effet que celle d'un « procurator. » Est-ce un « cognitor » qui plaide, l'action « judicati » est donnée au « dominus » ou contre le « dominus » lui-même. Est-ce un « procurator », l'action est, au contraire, donnée pour ou contre le « procurator », personnellement (Frag. Vat., § 137, in fine, et 332).

En nous donnant la règle : « Tutor ad utilitatem pupilli

rem in judicium deducere potest (D. 26, 7, L. 22) », Paul
nous fait comprendre, par les mots « *ad utilitatem pupilli* », quelle restriction elle comporte. Ainsi le tuteur ne
pourra intenter une action en justice pour le pupille, que
lorsque cela sera certainement conforme à ses intérêts,
sinon, sa responsabilité serait engagée et il supporterait
toutes les conséquences qui peuvent résulter de la perte
du procès ; cela tient d'ailleurs à ce principe que le tuteur
ne peut appauvrir le patrimoine du pupille, et il l'appauvrirait en plaidant une mauvaise cause.

La même explication peut nous servir à résoudre la
question suivante : lorsqu'une action est intentée contre le
pupille, le tuteur peut-il transiger avec l'adversaire ou
acquiescer à sa demande ? Pour la transaction, la loi 46,
§ 7, au Dig. (26, 7) s'exprime ainsi : « *Tutoribus conces-
sum est a debitoribus pupilli pecuniam exigere, ut ipso
jure liberentur : non etiam donare vel etiam diminuendi
causa cum iis transigere, et ideo eum qui minus tutori sol-
vit, a pupillo in reliquum conveneri posse.* »

Ces mots « *diminuendi causa* » nous donnent la véritable mesure de la règle : le tuteur pourra transiger lorsque
la transaction n'aboutit pas en définitive à imposer au pupille un sacrifice pécuniaire qui appauvrirait son patrimoine ;
dans le cas contraire, il doit s'abstenir. La loi 54, § 5 et
la loi 56 § 4 (S. 47, 2) confirment cette décision en permettant au tuteur de transiger « *cum fure.* »

Pour l'acquiescement et le désistement, la règle est toujours la même : la cause du pupille est-elle bonne, le tu-

teur doit la défendre jusqu'à la fin et interjeter appel en temps utile de la sentence qui a pu être rendue contre lui. S'il manque à ce devoir, « *tutelæ judicio indemnitatem pupillo præstare debet* (C. 5, 37, L. 11). » Ce n'est que dans le cas contraire, celui où la cause du pupille est évidemment mauvaise, qu'il est de son intérêt que le tuteur termine par un acquiescement ou un désistement, un procès injuste dont le résultat ne pourrait qu'être défavorable.

En principe le tuteur ne peut déférer le serment au nom du pupille à l'adversaire de celui-ci : il ne peut le faire qu'au cas de nécessité « *omnibus aliis probationibus deficientibus* (D. 12, 2, L. 35, pr.).

Les actes judiciaires que nous venons de passer en revue, la transaction, l'acquiescement, la délation de serment, sont ou non permis au tuteur agissant seul, ou au pupille muni de « *l'auctoritas* », selon qu'ils consistent ou non en un abandon gratuit des droits de celui-ci. C'est d'ailleurs la règle générale, aussi bien pour les actes extrajudiciaires que pour les actes judiciaires, que le tuteur puisse faire seul tous les actes qui rentrent dans ses fonctions d'administrateur.

Certains actes s'étaient conservés, même sous le système formulaire, comme procédé juridique et n'étaient que l'application de la « *legis actio*; » ils renfermaient l'affirmation d'un droit de la part du propriétaire et ne pouvaient être accomplis que par le pupille en personne. Telle l' « *in jure cessio* » ; « *id que legis actio vocatur* », nous dit Gaïus (com. 2 § 24). Voici en effet comment elle s'opérait :

celui auquel une chose était cédée en justice disait en
mettant la main sur l'objet dont il s'agissait, en présence
d'un magistrat du peuple romain, d'un licteur ou d'un
« *prœses provinciœ* » : « J'affirme que cet objet est à moi
par le droit quiritaire. » Puis le magistrat demandait au cédant s'il ne s'opposait pas à cette réclamation, et en cas de
réponse négative ou même de silence de sa part, il attribuait
la chose à celui qui l'avait réclamée (Gaïus com. II, § 24).

La « *cessio in jure* » supposant l'affirmation d'un droit
de propriété, ne pouvait être accomplie que par le pupille
muni de l' « *auctoritas* » et dès lors elle ne pouvait avoir
lieu s'il était « *infans* » ou absent ; mais, dans ce cas, le
résultat auquel elle conduisait, c'est-à-dire l'aliénation ou
l'acquisition, pouvait se trouver atteint d'une autre manière,
bien que par une voie détournée : on suivait le procédé que
nous avons indiqué en parlant de la mancipation.

CHAPITRE IV

On peut examiner cette question sous deux aspects différents : quel est l'effet des actes passés par le tuteur à
l'égard des tiers et dans quelle mesure les tiers sont-ils
liés vis-à-vis du pupille ? En second lieu, quel est l'effet
des mêmes actes entre le tuteur et le pupille ? C'est la
question de la responsabilité du tuteur et des garanties
accordées au pupille contre sa mauvaise gestion.

Section I

Quel est à l'égard des tiers l'effet des actes passés par
le tuteur? L'intérêt bien entendu du pupille exigeait que
les tiers pussent en toute sécurité contracter avec lui
quand il est muni de l' « *auctoritas* » ou avec le tuteur
dans le cas où celui-ci peut remplacer le pupille : « *nam et
inutile est pupillis si administratio eorum non servatur,
nemine scilicet emente* » (D. 26, 7, L. 12, § 1).

La validité des actes est la même dans les deux cas,
et c'est ainsi qu'il faut comprendre ce texte de Paul :

« *Tutor qui tutelam, gerit, quantum ad providentiam pu-pillerem domini loco haberi debet* » (D. 26. 7, L. 27).

Le principe est celui-ci : tout ce que le tuteur a fait de bonne foi dans la limite de ses pouvoirs doit être tenu pour valable et demeure opposable au pupille.

Ainsi, le tuteur peut valablement faire un « *mutuum* » au nom du pupille, et l'emprunteur sera tenu de la « *con-dictio* ». De même encore, le tuteur a qualité pour recevoir le paiement de ce qui est dû au pupille, et les tiers, en payant entre ses mains, sont entièrement libérés et à l'abri de toute nouvelle demande, cela du moins sous Justinien et avec l'intervention du juge, car auparavant, si le tuteur se trouvait insolvable, le débiteur du pupille pouvait être in-quiété de nouveau par la « *restitutio in integrum* ». Dans le cas où un acte régulièrement fait léserait le pupille, celui-ci, tout en restant tenu d'en subir les conséquences fâcheu-ses, aurait le bénéfice de la « *restitutio in integrum* » pour faire annuler à son profit les actes compromettants pour son patrimoine qu'il a faits avec l' « *auctoritas tutoris* » ou que le tuteur a faits seul (D. 4, 4. L. 29, pr. et 47, pr.).

Bien que l'édit du préteur qui accorde la « *restitutio in integrum* » ne parle que des adultes, il n'est pas douteux que ce bénéfice s'applique aux pupilles.

Quant aux actes faits de mauvaise foi par le tuteur, ils sont nuls : « *si mala fide, alienatio non valeat* ». A l'acte fait de mauvaise foi par le tuteur et qui par cette raison se trouve être nul, nous devons assimiler l'acte qu'il aurait fait en dehors des pouvoirs qui lui sont accordés. Ainsi une libéralité faite par le tuteur ou par le pupille avec l' « *auctoritas tutoris* » serait nulle comme outrepassant les droits du tuteur et ne serait en aucun cas opposable au pupille (D. 27, 7, L. 22, *in fine*).

De quelque manière qu'elle se produise, le pupille ne peut souffrir ni bénéficier de la mauvaise foi du tuteur. « *Dolus tutorum puero neque nocere, neque prodesse debet.* » (D. 26, 9, L, 3). En conséquence si le pupille s'était enrichi par suite de la fraude du tuteur, le tiers, victime de cette fraude, pourrait recourir contre le pupille dans la limite de son enrichissement.

Section II

Responsabilité du tuteur.

Le tuteur peut être responsable dans différentes hypothèses. Nous savons qu'il a deux fonctions distinctes, « *negotia gerere, auctoritatem interponere.* »

Si « *l'auctoritas* » était nécessaire ou utile, et qu'il l'eût refusée ou donnée trop tard, il serait tenu d'indemniser le pupille. Il en serait de même s'il avait refusé de gérer les affaires du pupille ou qu'il les eût mal gérées par mauvaise volonté ou par simple négligence. Nous savons toutefois qu'historiquement la responsabilité du tuteur n'existait pas également dans les deux cas. Jusqu'au premier siècle de l'ère chrétienne, le tuteur, toujours res-

ponsable de ne pas fournir son « *auctoritas* » quand elle
était nécessaire ou utile aux intérêts du pupille, ne l'était
pas quand il avait négligé de gérer la tutelle, et nous
avons vu pourquoi.

Mais, pour examiner ici la responsabilité du tuteur,
nous nous placerons à l'époque où le tuteur est obligé de gérer
et où, réciproquement, un recours lui est accordé contre
le pupille au moyen de l'action « *tutelæ contraria.* »

L'action « *tutelæ directa* » était donnée au pupille à la
fin de la tutelle contre le tuteur pour lui permettre de se
faire indemniser de la mauvaise gestion de ce tuteur.
Celui-ci devait, à cette époque, rendre ses comptes. Par
l'action de tutelle, le pupille ou ses héritiers obligeaient le
tuteur à fournir l'inventaire qu'il avait dû dresser, ainsi
que tous les comptes qu'il avait pu tenir à l'occasion de
la tutelle ; les comptes à rendre par le tuteur embrassent
l'ensemble de ce qui a été ou a dû être géré et de plus
« *ea quæ connexa sunt tutelæ* » (D. 37, 3, L. 13).

Soumis à l'action « *directa tutelæ* », le tuteur devait
faire connaître l'emploi fait par lui des biens du pupille
dont il a pris possession au début de la tutelle ou qui sont
échus postérieurement au pupille par succession, donation
ou autrement. Il devait aussi établir la balance des sommes qu'il pouvait devoir au pupille et de celles qui lui
étaient dues par celui-ci, et cela à dater du jour de l'exigibilité. Si le tuteur a employé à son profit personnel des
sommes d'argent appartenant au pupille, il est tenu de les
rembourser avec les « *usuræ legitimæ* », qui courent du

jour de l'emploi (L. 7, § 4, D. 26, 7), mais il est à remarquer que les bénéfices que le tuteur a pu faire de cette
manière lui resteront (D. 26, 7, L. 47, § 6).

L'action de tutelle est perpétuelle et absorbe toutes les
autres actions ordinaires appartenant au pupille et pouvant
s'éteindre par un laps de temps. Si par exemple, nous supposons que le pupille étant créancier à terme, le délai
s'écoule pendant la tutelle, le pupille pourra réclamer à
quelque époque que ce soit par l'action de tutelle à son
tuteur la somme dont il était créancier contre un tiers et
dont le tuteur est en faute de n'avoir pas opéré le recouvrement.

Une importante question à résoudre est celle de savoir
si le tuteur romain n'est responsable que de son dol ou
de sa faute lourde, ou s'il faut au contraire se montrer plus sévère. La faute lourde est très généralement considérée par les jurisconsultes comme synonyme de dol (D.
16, 33, L. 3. pr.). « *Quod Nerva diceret latiorem culpam dolum esse, Proculo displicebat, mihi verissimum
videtur.* »

En ce qui touche le tuteur, nous savons qu'il doit gérer
comme un « *paterfamilias.* » Voici le principe posé par
Callistrate : « *A tutoribus pupillorum eadem diligentia
exigenda est circa administrationem pupillarium rerum
quam paterfamilias rebus suis ex bona fide præbere debet* »
(D. 26, 7, L. 33). D'après ce texte, le tuteur répondrait
de sa faute légère et de sa faute lourde « *in abstracto.* »
La loi 20 au Code (2, 19) donne la même solution et

oppose ici le gérant d'affaires tenu même de sa « *culpa levior* » au tuteur qui n'est tenu que de son dol et de sa « *culpa lata.* »

Ulpien est d'avis que la responsabilité du tuteur doit s'apprécier « *in concreto* » d'après la diligence qu'il apporte personnellement dans ses propres affaires : « *In omnibus quæ fecit tutor cum facere non deberet, item in his quæ non fecit, rationem reddet hoc judicio præstando dolum et culpam et quantam in suis rebus diligentiam* » (D. 27, 3, L, 1, *pr.*).

Contrairement à ce qui a lieu pour le gérant d'affaires qui s'est volontairement chargé de la gestion d'une affaire, il semble que cette opinion d'Ulpien serait préférable pour le tuteur dont la gestion est forcée et gratuite ; mais nous ne pouvons cependant nous tenir à cette opinion d'Ulpien, parce que dans un autre texte, le même jurisconsulte exprime une opinion contraire (D. 26, 7, l. 10).

Nous avons, en étudiant les obligations spéciales imposées au tuteur, rencontré par là même de nombreux exemples des fautes que le tuteur pourrait commettre. Ainsi, le tuteur a-t-il autorisé le pupille à se dépouiller par acte gratuit, ou a-t-il fait lui-même cet acte gratuit, l'acte est nul, et il y a lieu à l'action « *tutelæ directa* », excepté toutefois dans les cas où, par exception, ce genre d'acte est permis, car alors c'est pour ne les avoir pas faits que le tuteur pourrait être poursuivi.

Le pupille a de plus l'action « *de rationibus distrahendis* » pour se faire indemniser de ce que le tuteur a soustrait ou détourné dans les comptes qu'il a rendus. Cette action lui est donnée en ces termes par la loi des XII Tables : « *Si tutor dolo malo gerat, vituperato, quandoque finita tutela erit furtum duptione licito.* »

Comme l'action « *furti* » l'action « *de distrahendis rationibus* » se donne au double ; mais elle diffère de l'action « *furti* » en ce que, dans cette dernière action ce qui a été payé par un voleur ne libère pas les autres.

Si le tuteur a détourné une chose du pupille « *cum animo furandi,* » il y a lieu à l'action « *furti* » laquelle ne se confond pas avec l'action « *de distrahendis rationibus.* » La première est pénale ; par la seconde, le pupille obtient la chose ou la valeur.

Le pupille pourrait encore intenter la « *condictio furtiva* » pour obtenir ce qui lui a été soustrait ; mais alors l'action « *de distrahendis rationibus* » s'éteint « *quia nihil abiit pupillo* » (D. 27, 3, L, 2, § 1). La « *condictio furtiva* » a en effet procuré la chose au pupille et l'action « *furti* » la peine.

La caution « *rem pupilli salvam fere* » fournie avec l'adjonction des fidéjusseurs donne au pupille contre ceux-ci l'action « *ex stipulatu.* » Cette action se combine avec l'action « *tutelæ* » qui peut néanmoins s'exercer contre le tuteur ; mais elle en diffère en ce qu'elle n'est pas infamante et ne donne pas de privilège au pupille.

Le pupille a encore contre les magistrats municipaux une action « *subsidiaria,* » après que l'insolvabilité du tuteur et des fidéjusseurs a été constatée (C. 5, 75, L. 4). Mais il faut pour qu'elle s'exerce, que les magistrats aient manqué à leur obligation d'exiger des cautions solvables.

Enfin, nous rappelerons en terminant que, d'après l'édit du préteur, le pupille lésé par un acte fait valablement pouvait recourir à l' « *in integrum restitutio.* » Mais c'était là une garantie suprême qui ne pouvait être exercée qu'en dernier lieu, à défaut de tout autre moyen de droit, et qui supposait nécessairement une lésion.

Le fait de la pluralité des tuteurs apporte quelques modifications aux principes de la responsabilité du tuteur.

Si tous les tuteurs gèrent indivisément, chacun répond non-seulement de sa gestion personnelle, mais de celle de ses cotuteurs et le pupille peut poursuivre chacun pour le tout. Mais le tuteur poursuivi pour la gestion commune ou pour celle de ses cotuteurs peut demander la division entre lui et ses cotuteurs solvables, et, s'il ne veut on ne peut demander la division, il peut se faire céder les actions du pupille (L. 1 §§ 10, 14, 27, 3).

Si les tuteurs se sont spontanément et de leur seule autorité partagé la gestion, ils sont, malgré cet arrangement pris pour leur plus grande commodité personnelle, tous réputés gérer pour le tout ; il en serait de même s'ils avaient donné mandat à l'un d'eux de gérer en leur nom. Enfin, s'il s'agit de tuteurs dispensés de fournir caution, celui d'entre eux qui n'a pas confiance en la gestion de ses collègues peut, en offrant de leur donner caution, demander à être chargé seul de l'administration : ceux des tuteurs qui resteraient alors étrangers à l'administration pourraient être encore poursuivis par le pupille, sauf un recours contre le tuteur, seul administrateur, ou contre la caution par lui fournie.

Si la gestion a été divisée entre les tuteurs soit par le père de famille, soit par le magistrat, chaque tuteur n'est responsable que de sa propre gestion, à moins que par dol ou par faute il n'ait négligé de provoquer, s'il y avait lieu, la destitution de ses cotuteurs comme suspects (C. 10, 52, L. 2).

Un père de famille a désigné l'un des tuteurs pour gérer ou bien les tuteurs ont, sur l'invitation du magistrat, désigné l'un d'eux pour gérer, ou encore le gérant a été désigné par le magistrat lui-même : dans ces diverses hypothèses, tous les tuteurs restent responsables vis-à-vis du pupille, et ils constituent à l'égard du gérant des « *observatores actus ejus et custodes* » et doivent lui demander des comptes (D. 26, 7, l. 3, § 2). Mais leur responsabilité n'est que subsidiaire; avant de les poursuivre, le pupille doit discuter les biens du gérant. Grâce à ce bénéfice de discussion, les tuteurs peuvent prendre le nom de tuteurs honoraires, par opposition aux tuteurs qui gèrent et que les interprètes appellent « *onerarii.* »

ANCIEN DROIT FRANÇAIS

DES FONCTIONS DU TUTEUR ET DU GARDIEN

Notre organisation tutélaire actuelle est l'œuvre de notre droit coutumier. Avant d'étudier cette institution telle qu'elle nous apparaît dans notre Code civil, il n'est donc pas sans intérêt de jeter un coup d'œil en arrière sur notre ancien droit français : nous verrons ainsi par suite de quels changements la tutelle, que nous avons étudiée dans son organisation à Rome, est devenue ce qu'elle est dans notre droit actuel.

Plus nous remontons dans l'histoire de notre législation, en nous rapprochant du droit romain, plus nous trouvons d'analogie entre la tutelle telle qu'elle était organisée en France à son origine et la tutelle romaine.

Ainsi, chez les Francs, à douze ou quinze ans, suivant le sexe, il y avait une sorte de capacité incomplète ressemblant beaucoup à la condition de l'enfant qui, à Rome, avait atteint l'âge de puberté. De même, du IXᵉ au XIIIᵉ siècle, nous trouvons dans les assises de Jérusalem qu'une exception était faite à l'incapacité absolue de l'enfant dès qu'il avait atteint l'âge de quinze ans si c'était un garçon, de douze ans si c'était une fille : l'un et l'autre peuvent à cet âge faire leur testament et affranchir directement leurs serfs.

Au XIII⁰ siècle, les nécessités politiques de la féodalité exigent que la capacité des personnes soit taxée sur la qualité des biens et, selon que ces biens seront nobles ou roturiers, leur propriétaire sera capable de les administrer plus tôt ou plus tard. Il y aura donc deux majorités, l'une civile, maintenue à douze ou quinze pour les biens roturiers, l'autre féodale, reculée, suivant les seigneurs, à dix-huit ou vingt ans, et communément à ce dernier âge.

Jusqu'à la majorité civile, le pouvoir de protection accordé à l'incapable résidait en la personne d'un tuteur ; quant à ceux auxquels s'appliquait la minorité féodale, ils étaient soumis à un autre pouvoir établi dans un but à la fois politique et protecteur et qu'on appelait la « *garde*. »

Disons quelques mots des fonctions du tuteur et de celles du gardien.

DU TUTEUR EN DROIT COUTUMIER

Le tuteur, dans notre ancien droit, était soumis avant son entrée en fonction, à certaines obligations spéciales qui avaient pour but d'assurer au mineur la bonne gestion de son patrimoine : il devait prêter serment de bien et fidèlement administrer la tutelle, il faisait en outre inventaire.

Dans les pays de droit civil, le tuteur devait également déclarer s'il était créancier du mineur, sous peine de perdre sa créance. C'était là un souvenir du droit romain. Mais, dans la plupart des coutumes, le tuteur n'était pas obligé de donner caution, et les parents qui avaient donné leur avis, non plus que le juge qui avait nommé le tuteur, n'étaient responsables de son administration : il n'en était pas ainsi cependant dans les coutumes de Bretagne et de Normandie.

Après avoir fait l'inventaire, le tuteur devait faire vendre les meubles aux enchères, excepté ceux que l'assemblée des parents serait d'avis de conserver. Si le tuteur manquait à cette obligation, il payait le prix d'estimation porté par l'inventaire augmenté d'une crue d'un cinquième.

Six mois après la vente des meubles, le tuteur doit faire emploi, en acquisition d'immeubles ou en constitutions de rente, des deniers fournis en espèce ou de ceux qui proviennent des économies de la gestion ou du remboursement des créances appartenant au mineur, toutefois cet emploi ne lui est imposé que lorsque les deniers atteignent une somme assez importante pour qu'on puisse dire qu'il garde entre ses mains des capitaux inactifs.

Le tuteur peut passer bail des biens du mineur ; mais, dans les pays de droit civil, ainsi que dans la coutume de Normandie, il ne peut le faire qu'en justice après trois publications au prône de la paroisse.

Les réparations à faire rentrent aussi dans l'administration du tuteur ; mais quelque minimes qu'elles soient, elles doivent être autorisées par le juge, qui ordonne une enquête et fixe la somme que les réparations ne pourront pas dépasser.

La vente des immeubles du mineur n'est permise au tuteur qu'en cas d'absolue nécessité ; elle doit être autorisée par le juge sur un avis des parents, faite en justice et aux enchères, après affiches et publications.

Le tuteur n'a pas autorité seulement sur les biens du pupille mais encore sur sa personne physique et morale. Il doit le nourrir, l'entretenir suivant sa condition, et prendre soin de son éducation, le mineur ne peut contracter mariage sans son assentiment. Le mineur ne peut ni contracter ni paraître en justice sans l'autorisation du tuteur. C'est celui-ci qui intente les actions, c'est contre lui qu'on les dirige ; mais les contrats que le mineur passe sans l'autorisation du tuteur sont valables lorsqu'ils lui sont avantageux.

Après la tutelle, le tuteur doit au mineur un compte de sa gestion, et doit justifier de l'emploi des deniers provenant soit de la vente des meubles, soit du recouvrement des créances, soit du revenu des immeubles, des économies qu'il a pu faire, ou de toute autre cause. Le tuteur peut réclamer également au mineur les avances qu'il a faites pour lui. Le mineur a une hypothèque tacite et légale sur les biens du tuteur pour ce qui peut lui être dû à raison de sa gestion. Le tuteur n'a pas en principe une semblable hypothè-

que sur les biens du mineur ; toutefois il en est autrement
dans les pays de droit civil et dans la coutume de Normandie.

DU GARDIEN

Le droit de « garde-noble » variait beaucoup suivant
les coutumes. On peut le définir avec Pothier : « Le droit
que la loi municipale accorde au snrvivant de deux conjoints nobles de percevoir à son profit le revenu des biens
que les enfants mineurs ont recueillis dans la succession du
prédécédé, jusqu'à ce qu'ils aient atteint un certain âge,
sous certaines charges qu'elle lui impose et en récompense
de l'éducation desdits enfants qo'elle lui confie. »

Quelques coutumes étendent le droit de garde-noble,
quant aux personnes, subsidiairement aux aïeuls et aïeules
des mineurs, même aux autres ascendants et jusqu'à leurs
collatéraux. D'autres coutumes étendent le droit de garde-
noble en accordant aux gardiens, outre le revenu des
immeubles, la propriété des meubles (Orléans) ; mais il en
est, au contraire, qui restreignent ce droit au revenu des
seuls immeubles, quelques-unes au revenu des seuls biens
féodaux.

Outre la garde-noble, plusieurs coutumes reconnaissent
une garde bourgeoise ; mais sous ce nom il faut entendre
une simple tutelle ne donnant pas au gardien des pouvoirs

spéciaux et ne le soumettant pas à d'autres obligations que celles que nous avons indiquées plus haut. A Paris, toutefois, il y avait un droit spécial de bourgeoisie qui constituait une sorte de noblesse. La garde bourgeoise a dans ce cas un sens spécial : elle ne diffère de la garde-noble que par sa durée qui est plus courte et par l'obligation imposée au gardien bourgeois de donner caution.

Comme le tuteur, le gardien a deux fonctions distinctes : 1° prendre soin de la personne du mineur et veiller à son éducation ; 2° administrer ses biens.

La tutelle et la garde sont, dans certaines coutumes, réunies sur la même tête, soit de plein droit, soit par suite d'une nomination spéciale et sur l'avis des parents du mineur. Il y a donc des coutumes où l'on donne un tuteur au mineur qui tombe en garde, pour tout ce qui ne rentre pas dans les attributions du gardien : et, par exemple, pour l'exercice des actions relatives à la propriété des biens des mineurs et pour la défense à ces mêmes actions.

Avant d'examiner les fonctions du gardien, nous devons déterminer brièvement quels sont, suivant les diverses coutumes, les biens auxquels son pouvoir s'applique, et quels sont les droits dont il jouit sur ces biens.

Dans les coutumes de Paris et d'Orléans, les seuls biens soumis à la garde sont ceux qui proviennent de la succession du prémourant des père et mère des mineurs ; tous autres biens dépendant de la tutelle, dans la coutume d'Orléans, où de plein droit les qualités de tuteur et de gardien sont réunies, cette distinction a encore cet intérêt pratique que le gardien n'ayant l'administration de ces biens que comme tuteur, doit au mineur les revenus et intérêts qu'ils peuvent produire. Certaines coutumes restreignent le droit de garde noble aux seuls biens féodaux.

Le gardien a, en général, le droit de profiter personnellement de tous les fruits des immeubles nobles ou non nobles qui font partie de la succession des prémourants des père et mère ; c'est là une sorte de dédommagement qui lui est accordé en retour des soins de son administration.

Quant aux nobles, dans la plupart des coutumes, celle de Paris, par exemple, le gardien n'en a que l'administration. Au contraire, dans quelques autres, le gardien en est propriétaire, ou dispensé d'en rendre compte à la fin de sa garde. Enfin, il est quelques coutumes où le gardien n'a même pas sur les meubles le simple pouvoir d'administration qui se trouve alors appartenir au tuteur.

Dans les coutumes qui n'accordent au gardien sur les meubles qu'un pouvoir d'administration, la première obligation du gardien est d'en faire l'inventaire. S'il manque de satisfaire à cette obligation, les mineurs pourront demander que la communauté continue à courir entre eux et le survivant, de sorte que tout ce que celui-ci pourra acquérir tombe dans cette communauté, sans qu'ils soient obligés d'y faire entrer ce qu'ils acquièrent eux-mêmes. Si les mineurs négligent d'invoquer cette faveur, le juge estimera au moment du compte la valeur des meubles que l'inventaire aurait dû constater, et cette valeur lui sera attribuée.

D'ailleurs, pendant la garde, le tuteur et les parents des mineurs peuvent contraindre le gardien à procéder à l'inventaire.

Indépendamment de l'inventaire, le gardien doit faire vendre les immeubles aux enchères : sinon il doit aux mineurs, outre l'estimation faite dans l'inventaire, une crue d'un quart en sus.

En principe, le gardien noble n'est pas soumis à l'obligation de fournir caution. Toutefois, la femme survivante noble et mariée en est tenue, sous peine d'être écartée de la garde, ainsi que son second mari. Au contraire, celui qui a la garde bourgeoise est toujours obligé de donner caution avant d'entrer en fonction, et le tuteur doit veiller à ce qu'il ne laisse pas passer le délai qui lui est fixé par le juge.

C'est au gardien qu'est imposée l'obligation de veiller à l'entretien et à l'éducation du mineur et de faire toutes les dépenses que ce soin comporte. Ces dépenses doivent être supportées par lui définitivement, car il doit trouver les sommes nécessaires pour y faire face dans les revenus du mineur qu'il s'approprie, et dont il ne doit profiter personnellement que s'ils excèdent les frais d'entretien et d'éducation conformes à la situation du mineur.

Dans le cas où le gardien manquerait à ce devoir, le tuteur chargé de le surveiller, ou, s'il est lui-même tuteur, les parents les plus proches du mineur, pourront le condamner à y satisfaire. S'il persévérait dans sa négligence ou dans son mauvais vouloir, les revenus du mineur pour -

raient être saisis entre ses mains, et la garde pourrait lui être retirée.

Nous venons de voir que l'entretien de la personne du mineur était une charge de la garde. Il en est de même de l'entretien de son patrimoine. Les frais de réparation et de conservation des biens du mineur sont à la charge du gardien dont les obligations à ce point de vue sont renfermées dans cette limite équitable qu'il ne peut être tenu que de rendre les biens dans l'état où il les a pris, et qu'il n'est pas, dès lors, responsable des détériorations survenues avant la garde. Toutefois nous pensons avec Pothier que cette solution est trop favorable au gardien dans les coutumes qui lui accordent avec le revenu des immeubles la propriété de tous les meubles, car ceux-ci devraient, avant de profiter au gardien, être employés par lui à faire sur les biens du mineur les réparations qui se trouvaient urgentes à l'époque où la garde a commencé.

De ce que les dépenses d'entretien et de conservation des biens du mineur sont à la charge du gardien, il faut conclure que c'est lui qui devra supporter les frais causés par les procès qu'il a fallu soutenir pour que les biens pussent être conservés.

Toutes les dettes mobilières doivent être acquittées par le gardien, car c'est là une charge des revenus qu'il acquiert en totalité, et cette obligation est imposée même par les coutumes qui, comme celle de Paris ne donnent pas au gardien la propriété des meubles, Mais dans ces coutumes,

l'obligation d'acquitter les dettes mobilières est moins étendue que dans les autres.

Cette même distinction entre les coutumes qui accordent
au gardien et celles qui lui refusent la propriété des meubles
a fait hésiter sur le point de savoir si, dans ces dernières,
le gardien devait acquitter les frais funéraires de celui
des deux conjoints par le décès duquel le garde a pris
naissance. La coutume de Paris est une de celles qui n'accordent au gardien que la jouissance des revenus du mineur. Cependant on a décidé, d'après son article 267, que
le gardien était tenu d'acquitter les frais funéraires, parce
que la coutume le charge de payer les dettes du mineur,
et que les frais funéraires font partie de ces dettes, comprises dans la succession des prédécédés. La même raison
s'applique aux legs mobiliers et le gardien est tenu de les
acquitter.

Des différentes dettes que nous venons d'énumérer, le
gardien est en général tenu « *ultra vires* » au delà de
la valeur des biens qui lui sont attribués en qualité de gardien comme indemnité pour son administration parce que
dans le plus grand nombre des coutumes, la garde a le caractère d'un marché à forfait. Mais il y a quelques coutumes qui n'obligent le gardien à acquitter les dettes et charges que jusqu'à concurrence des biens du mineur qu'il a
reçus.

Le gardien majeur n'est jamais restituable contre l'acceptation de la garde lorsque, par la suite, il découvre des
dettes mobilières qui n'étaient pas prévues lors de son ac-

ceptation. En est-il de même du gardien mineur? Il nous semble juste de nous ranger à l'avis de Pothier, qui rappelle ce principe que les mineurs sont toujours restituables contre les actes désavantageux qu'ils ont accomplis par défaut d'expérience.

DROIT FRANÇAIS

CHAPITRE PREMIER

CARACTÈRES GÉNÉRAUX DES FONCTIONS DU TUTEUR

Répondant à des nécessités qui s'imposent toujours et partout la tutelle est organisée dans notre Droit actuel pour protéger le mineur non émancipé qui a perdu ses père et mère ou du moins l'un d'eux.

A Rome, ainsi que nous l'avons vu, le tuteur était chargé seul du soin de la fortune du pupille ; à lui seul, sauf certains cas, où le « *decretum* » du magistrat était nécessaire, il pouvait faire presque tous les actes concernant le patrimoine du pupille, les plus graves comme les plus simples. Il n'y avait à l'origine personne à ses côtés, personne qui eût pour mission de contrôler sa gestion et dont il eût à demander l'avis ; ce n'est que bien plus tard qu'on avait commencé à limiter les pouvoirs du tuteur en exigeant pour certains actes l'approbation du magistrat par décret.

On a compris dans notre Droit qu'il y avait péril à
laisser, même avec une grave responsabilité, tant de pouvoirs aux mains d'un seul, sans contrôle. De là l'introduction,
dans le système général de la tutelle, de rouages nouveaux
destinés à prévenir les inconvénients possibles de la toute-
puissance du tuteur ; de là l'adjonction du subrogé-tuteur
chargé de prendre toujours en main les intérêts du mineur
contre le tuteur, de là l'institution d'un conseil de famille
destiné aussi à contrôler, à surveiller le tuteur, à lui donner
des avis ou des autorisations, à intervenir dans tous les
actes proposés par le tuteur et qui présentent une certaine
gravité ; de là enfin dans certains actes plus dangereux
pour le pupille, la nécessité d'une homologation donnée par
justice.

Ainsi donc, le subrogé-tuteur, le conseil de famille, le
tribunal sont autant de pouvoirs distincts qui ont leur rôle
à jouer dans le fonctionnement de la tutelle ; mais le tuteur
est toujours et de beaucoup le personnage principal, c'est
à lui qu'appartient l'initiative ; c'est lui qui est vraiment
l'agent de la tutelle ; qui doit passer tout acte concernant
le patrimoine du mineur, sauf à prendre dans certains cas
avis des personnes chargées de surveiller et de contrôler
ses actes.

Notre droit français, répudiant les solennités du droit
romain, admet sans difficulté la représentation du mineur
par le tuteur : le tuteur représentera le mineur ; il agira en
son nom, et les choses se passeront alors comme si le mineur, relevé de son incapacité, avait agi lui-même. La loi

investit donc le tuteur d'un mandat légal ; le tuteur représente le mineur comme aujourd'hui tout mandataire représente le mandant.

Cette idée de la représentation du mineur par le tuteur
est si générale, qu'il faudrait décider qu'au cas où le tuteur
aurait vendu un immeuble du mineur sans les formalités
voulues par la loi, il n'y aurait pas nullité absolue de la
vente, mais seulement nullité relative au profit du mineur.
On ne peut dire, en effet, que le tuteur, n'ayant plus qualité pour agir, est comme un étranger qui a vendu la chose
d'autrui, fait qui tomberait sous l'application de l'article 1599 ; il faut dire au contraire que le mineur est censé
avoir agi encore ici par le ministère de son tuteur ; c'est
comme s'il avait agi lui-même en état d'incapacité, et certes
s'il avait vendu son immeuble il n'y aurait que nullité
relative dans son intérêt. Nous ferons cependant une distinction : si le tuteur avait vendu l'immeuble comme sien,
on ne pourrait plus dire qu'il a agi comme représentant du
mineur : il y a bien alors vente de la chose d'autrui : mais
s'il a vendu seul en qualité de tuteur, cette vente sera
considérée comme faite par le mineur, c'est-à-dire par le
propriétaire incapable.

C'est dans l'article 450 que la loi pose ce principe de la
représentation du mineur par le tuteur, en ces termes : « le
tuteur représente le mineur dans tous les actes civils ».
Donc, règle générale, le mineur ne sera pas en scène, il
n'agira pas. Un seul article parle de l'autorisation du tu-

teur, et c'est précisément pour dire qu'elle ne peut pas habiliter le mineur (1030 C. c.).

Toutefois, malgré la généralité des termes de l'article 450, il y a des actes civils qui soit par leur nature, soit par diverses considérations, ne peuvent être accomplis par délégation,

Il y d'abord certains actes qui ne pouvant être faits ni par le mineur, ni par le tuteur seront tout à fait impossibles durant la minorité. Ainsi le mineur ne peut pas disposer par acte entre-vifs (seulement dans son contrat de mariage) (art. 903, 904, 1095), il ne peut pas non plus consentir à un contrat d'adoption.

Il y a au contraire des actes que le mineur peut faire seul et que le tuteur ne peut faire à sa place : le mineur pourra se marier dès dix-huit ou quinze ans, et le tuteur ne saurait figurer à sa place dans l'acte des célébration du mariage ; c'est encore le mineur lui-même qui figure et qui parle dans son contrat de mariage (1387, 1398). Il est bien entendu que pour passer valablement ces actes le mineur doit être pourvu du consentement des personnes sous l'autorité desquelles il se trouve placé à cet égard.

Le tuteur ne saurait non plus exercer au nom du pupille la faculté de disposer par testament que la loi lui accorde dans une certaine mesure à partir de seize ans.

La reconnaissance d'un enfant naturel sera encore un acte que seul le mineur pourra faire s'il le juge convenable et sans aucune assistance.

Le consentement personnel du mineur est encore nécessaire lorsqu'il s'agit de contracter un engagement militaire, consentement qui sera suffisant s'il a plus de vingt ans, ou qui devra être complété de celui du tuteur autorisé par le conseil de famille s'il a moins de vingt ans (l. du 21 mars 1842, art 19 et 32 ; L. du 27 juillet 1872, art. 6).

Le principe de la représentation du mineur par le tuteur souffre encore des exceptions en matière judiciaire : c'est ainsi que le mineur doit être seul appelé à défendre aux poursuites d'office dirigées contre lui en raison d'un crime, d'un délit ou d'une contravention de police, et comme la partie lésée par un crime, un délit ou une contravention a le droit de former sa demande en dommages-intérêts devant le tribunal répressif saisi de l'action publique jusqu'à la clôture des débats, ce serait restreindre ce droit ou même le rendre complètement illusoire que de l'obliger à assigner le tuteur.

Si, au contraire, la partie civile agissait directement et par voie principale devant un tribunal répressif, l'action civile en réparation des dommages causés devrait être dirigée non contre le tuteur seul, mais à la fois contre le mineur et le tuteur : la partie civile a, en effet, dans cette hypothèse, toute facilité pour assigner le tuteur en même temps que le mineur.

La demande en interdiction du mineur ou en nomination d'un conseil judiciaire devrait également être formée à la fois contre le mineur et contre le tuteur (Contra, Metz, 30 août 1823 ; Sirey, 1825, 2, 315).

Le mineur peut du reste, malgré le principe de la représentation, faire personnellement, même sans le concours de son tuteur, tous actes nécessaires pour la conservation de ses droits : les articles 2139 et 2194 du Code civ. nous en donnent la preuve, le mineur pouvant même pour interrompre la prescription, introduire une action en justice (Troplong, *De la prescription* 2,599). Du reste, l'adversaire du mineur ne serait pas obligé d'accepter le débat tant que le tuteur ne serait pas intervenu.

Malgré le mandat général dont est revêtu le tuteur, le mineur peut passer personnellement avec ou sans le concours du tuteur, les différents actes de la vie civile. En effet, les personnes capables de s'engager ne peuvent opposer l'incapacité du mineur avec lequel elles ont contracté. Les actes passés par le mineur seul sont seulement susceptibles d'être annulés ou rescindés à la demande du mineur : il a toujours été admis que le mineur a pleine capacité pour rendre sa condition meilleure.

Le tuteur français, qui diffère du tuteur romain en ce qu'il représente le pupille, en diffère encore en ce que sa mission est double ; il n'est pas absolument donné aux biens, il est encore donné à la personne : « le tuteur prendra soin de la personne du mineur », dit l'article 450.

Nous devons donc successivement examiner quelles sont les attributions du tuteur quant à la personne du pupille, quelles sont ses obligations et quels sont ses pouvoirs quant aux biens.

Mais, pour terminer cet aperçu des caractères généraux de la mission du tuteur, nous devons nous demander à

quelle époque commence pour le tuteur l'obligation de gérer
et par suite la responsabilité soit d'une mauvaise gestion,
soit du défaut de gestion. Évidemment, l'obligation de gérer
ne commence que du moment où le tuteur apprend que la
tutelle lui est déférée ; conforme au texte de l'article 418,
de l'article 451, cette proposition est aussi conforme à la
raison ; aussi, bien que l'article 418 et même 451 ne
semblent se référer qu'à la tutelle dative, nous l'étendrons
aux autres espèces de tutelle par voie d'analogie.

S'agit-il d'un tuteur légitime ? l'obligation de gérer
commencera du jour de l'ouverture de la tutelle s'il était
présent sur les lieux lors du décès ; du jour où il en aura
eu connaissance dans le cas contraire.

S'agit-il d'un tuteur testamentaire ? sa responsabilité de
tuteur commencerait à l'instant même de l'ouverture du
testament qui lui défère la tutelle s'il y était présent, ou
dans le cas contraire du jour où il en aurait eu connaissance.

Seulement on peut se demander s'il est nécessaire que le
tuteur légitime ou testamentaire, qui n'était pas présent sur
les lieux lors du décès par suite duquel la tutelle lui a été
déférée, ou, lors de l'ouverture du testament, s'il est,
disons-nous, nécessaire qu'il en soit informé par une notifi-
cation légale, ou s'il suffit qu'il en acquière connaissance
de toute autre manière.

Il me semble, pour ma part, qu'il est bon de distinguer.
Le tuteur légitime est chargé de convoquer le conseil de
famille, c'est donc lui qui est censé avoir le premier con-

naissance du décès, et je ne vois pas qui pourrait être chargé de notifier sa nomination. Si, dans le cas de l'article 418, il en est différemment, c'est que le conseil de famille est réuni et que l'un des parents qui le composent peut aisément porter à la connaissance du tuteur, l'acte qui lui défère la tutelle.

A l'égard du tuteur testamentaire, la connaissance plus ou moins exacte de l'ouverture du testament, ne présente pas le caractère de certitude qui résulte de la vocation légale, elle peut toujours laisser place au doute ; je crois donc qu'il y aurait danger à faire commencer sa responsabilité avant que sa nomination ne lui ait été notifiée.

Dire à quel moment commence, pour le tuteur, l'obligation de gérer, c'est, selon nous, dire à quelle époque l'hypothèque qui garantit sa gestion commence à frapper ses biens ; c'est ainsi que nous corrigerons la rédaction des articles 2135 et 2194 du Code civil. Aux termes du premier de ces articles, l'hypothèque existerait du jour de l'acceptation de la tutelle ; or, nous savons que le tuteur ne peut pas la refuser s'il n'est pas dans un cas d'excuse, et aux termes de l'article 2194, l'hypothèque daterait du jour de « l'entrée en gestion » ; or, nous savons que le tuteur qui ne serait pas entré en gestion, lorsqu'il aurait dû le faire, répondrait certainement de son défaut de gestion ; il faut donc dire, pour être plus exact que le Code : l'hypothèque date du jour où le tuteur a dû entrer en gestion.

CHAPITRE II

L'éducation morale et physique du mineur fait l'objet des articles 450, 454 et 458, mais les dispositions qui s'y rapportent, sont tellement laconiques, qu'il y a doute sur l'étendue du pouvoir du tuteur.

C'est d'après ces articles que nous avons à résoudre les deux points suivants :

Dans quels cas appartient-il au tuteur d'exercer le droit de garde et de correction vis-à-vis du mineur ?

Si ce droit lui appartient peut il l'exercer sans contrôle ?

Nous constatons d'abord que, malgré les termes absolus de l'article 450 le soin de la personne du mineur n'appartient pas dans tous les cas au tuteur ; en effet, lorsque le survivant des père et mère existe c'est à lui qu'incombe ce soin, à moins que, pour une cause quelconque, il n'ait plus l'exercice de la puissance paternelle. L'éducation du mineur n'est donc pas de l'essence, mais seulement de la nature du pouvoir tutélaire.

Si l'article 450 semble la lui attribuer toujours, c'est qu'il avait eu vue le cas où le survivant des père et mère exerce la tutelle légale ; encore cette explication ne suffit-elle pas pleinement, car, même dans cette hypothèse, c'est en vertu de la puissance paternelle, et non pas en vertu de son pouvoir de tuteur qu'il gouverne la personne le l'enfant.

A défaut donc des père et mère, le tuteur est chargé de pourvoir à l'entretien et à l'éducation du mineur. A cet effet, il peut le garder chez lui, s'occuper personnellement de son éducation, s'il est en mesure de le faire ; mais c'est là une faculté, car le tuteur n'est pas tenu d'élever lui-même le mineur, pas plus qu'il n'est obligé de payer de ses propres deniers les frais d'éducation et d'entretien.

C'est le tuteur qui doit décider des relations que le mineur pourra former, des visites qu'il pourra recevoir (Paris, 29 juin 1861 ; D. 61, 1, 1365).

Le tuteur peut aussi placer le mineur soit dans un lycée, soit dans un couvent.

Nous croyons qu'il peut consentir seul pour le mineur et en son nom le contrat d'apprentissage. On nous oppose l'article 9 de la loi de germinal, an IX, aux termes duquel « les contrats d'apprentissage consentis entre majeurs ou par des mineurs avec le concours de ceux sous l'autorité desquels ils sont placés, etc. »

A cet argument de texte, il est facile de répondre que la loi du 22 février 1871, relative aux contrats d'apprentissage, a abrogé l'article 9 de la loi de germinal, an IX, et il résulte au contraire de cette loi du 22 février 1871, que le tuteur peut lui-même placer le mineur en apprentissage : « Le contrat d'apprentissage doit être signé par le maître et par les représentants de l'apprenti », dit l'article 3.

On dit encore qu'il ne convient pas de laisser au tuteur seul le droit de consentir sans la participation du mineur les contrats qui engagent la liberté personnelle de celui-ci. Mais on nous accorde que le tuteur peut se passer du consentement personnel du mineur pour le mettre au collège, au lycée, moyens d'éducation lettrée, libérale ; pourquoi alors le tuteur ne pourrait-il point le placer chez un maître, chez un patron pour lui faire faire un apprentissage, moyens d'éducation professionnelle ?

Mais le tuteur ne jouit pas en ce qui concerne le gouvernement de la personne du mineur, d'un pouvoir exclusif. Bien que l'article 450 paraisse donner au tuteur et au tuteur seul la direction immédiate de l'éducation, cependant il est certain que le conseil de famille peut d'une certaine manière intervenir dans cette direction. La doctrine contraire serait en opposition avec le droit romain et avec notre ancienne jurisprudence. En droit romain, le tuteur seul n'était pas l'arbitre de l'éducation du pupille : c'était le magistrat « *prœtor* » ou « *prœses provinciœ* » qui en décidait, « *causa cognita, prœsentibus cœteris propinquis liberorum.* » Dans notre ancienne jurisprudence, on admettait même la nomination d'un tuteur pour la gestion des biens et d'un autre tuteur pour l'éducation de la personne.

La doctrine que nous combattons ne nous paraît pas davantage conforme au Code civil. Aux termes de l'article 454, en effet, c'est le conseil de famille qui est chargé de régler le montant de la dépense annuelle du mineur ; il peut fixer un maximum de dépenses, et il est évident que cette attribution renferme le pouvoir d'apprécier en même temps que l'importance, le but et l'objet de cette dépense. Mais en cas de conflit qui restera le maître? Quelques uns disent : ce sera le tuteur, sauf à ne pas dépasser la somme allouée.

La jurisprudence, au contraire, tend à dire que le conseil de famille a le droit d'intervenir directement dans la direction de l'éducation; cette direction est en effet un attribut de la puissance paternelle plutôt que de la puissance tutélaire, et l'article 450 n'implique pas nécessairement que le tuteur ait la direction de l'éducation. Nous admettons de préférence ce système qui suppose d'ailleurs que le tuteur n'est pas le père ou la mère (Colmar, 19 nov. 1857 ; Dol. 59, 2, 36).

La loi qui confie au tuteur le soin de la personne et de l'éducation du mineur lui donne l'autorité nécessaire pour accomplir cette mission. « Le tuteur a le droit de se faire obéir du mineur », dit Pothier. L'article 468 donne au tuteur les moyens de réprimer les écarts du mineur. Lorsque le mineur donne par sa conduite de graves sujets de mécontentement le tuteur peut en porter plainte au conseil de famille et, s'il y est autorisé par le conseil, requérir du président du tribunal la détention du mineur conformément aux articles 377, 378.

Mais il est à remarquer que le tuteur ne peut agir que par voie de réquisition et non par voie d'autorité : c'est ce que prouvent surabondamment les termes de l'article 468

« pourra provoquer la réclusion », rapprochés de ceux de l'article 376 « pourra le faire détenir. »

Le tuteur pourra, sans autorisation du conseil de famille, abréger la durée de l'emprisonnement ; car c'est seulement pour provoquer la réclusion que cette autorisation lui est nécessaire.

Nous avons vu que le tuteur n'avait pas en sa qualité de tuteur le droit de consentir au mariage du mineur ; il peut seulement (art. 175), avec l'autorisation du conseil de famille, y former opposition dans les deux cas prévus par l'article 174.

Le droit d'émancipation du mineur n'appartient pas non plus au tuteur, mais il est autorisé à provoquer cette émancipation (art. 478, 479).

CHAPITRE III

En ce qui concerne les biens du mineur, le tuteur a des obligations, et il a des pouvoirs. Nous verrons qu'il a d'abord des obligations spéciales lors même de son entrée en fonction, et qu'il a l'obligation générale d'administrer en bon père de famille les biens du mineur.

SECTION I

Des obligations du tuteur

§ I.

Lors de son entrée en gestion, ou même avant de gérer dès que la tutelle lui est déférée, le tuteur a certaines obligations à remplir.

I. — Le vœu de la loi est que le tuteur n'entre en fonction qu'après la nomination du subrogé-tuteur.

Si la tutelle est dative, la nomination du subrogé-tuteur doit être faite par le conseil de famille sans désemparer immédiatement après celle du tuteur (422) sauf, bien entendu, les difficultés pour ainsi dire naturelles qui pourraient s'opposer à l'exécution de cette disposition.

La tutelle est-elle légitime ou testamentaire, c'est le tuteur lui-même qui doit, avant d'entrer en fonction, requérir la convocation du conseil de famille pour la nomination du subrogé-tuteur (art. 421).

Si le tuteur a manqué à ce devoir et s'il a fait des actes de gestion avant d'avoir rempli cette formalité, le conseil de famille pourra être convoqué soit d'office par le juge de paix, soit sur la réquisition de certaines personnes, et le tuteur sans préjudice des indemnités qui peuvent être dues au pupille, pourra être destitué s'il y a eu dol de sa part.

A l'égard des tiers, le défaut par le tuteur d'avoir provoqué la nomination du subrogé-tuteur entraîne certaines conséquences. Le tiers qui a passé avec le tuteur un acte pour la validité duquel le subrogé-tuteur était nécessaire a intérêt et qualité pour demander que le subrogé-tuteur soit nommé, et il peut faire déclarer le tuteur non recevable jusqu'à ce qu'il ait accompli cette formalité, à condition qu'il ne s'agisse pas d'actes conservatoires et avec cette réserve que si le tiers n'avait pas demandé que le subrogé-tuteur fût nommé, il serait non recevable à proposer ensuite la nullité pour cette cause.

La nullité ne serait, en tous cas, que relative et dans le seul intérêt du mineur.

S'agissait-il au contraire d'un acte que le tuteur pût faire seul, le tiers ne serait pas recevable à opposer le défaut de nomination du subrogé-tuteur. Ainsi le paiement fait par un tiers débiteur du pupille entre les mains du tuteur, bien que celui-ci n'ait pas fait nommer le subrogé-tuteur sera valable pourvu qu'il n'y ait pas eu de collusion frauduleuse.

Le tuteur, en effet, même avant la nomination du subrogé tuteur, a en sa seule qualité, le droit d'agir comme les tiers et d'administrer. Si le tiers avait payé le tuteur avec l'intention coupable de favoriser les mauvais desseins du tuteur, ce tiers serait sans nul doute responsable, mais il le serait dans les termes du droit commun et par application du principe général de 1382.

II. — « Dans les dix jours qui suivront la nomination dûment connue de lui, le tuteur requerra la levée des scellés s'ils ont été apposés » dit l'article 451.

En disant que le tuteur requerra la levés des scellés dans les dix jours qui suivront celui de *sa nomination,* l'article 451 s'exprime d'une manière incomplète, en ce que cette rédaction ne s'applique qu'au tuteur datif.

D'après l'article 819 du Code civil, les scellés devaient toujours être apposés lorsqu'il se trouvait des mineurs intéressés dans la succession. Mais l'article 911 du Code de procédure a modifié l'article 819, C. c. et l'apposition des scellés n'est plus obligatoire qu'autant que le mineur est dépourvu de tuteur. Cette disposition nouvelle a été édictée pour éviter des frais aux familles pauvres et aussi pour permettre au survivant chargé de la tutelle de se soustraire à une mesure toujours pénible dans un moment douloureux.

Il arrivera donc assez souvent que les scellés ne seront pas apposés, lorsque par exemple, par le prédécèes du père ou de la mère, le survivant se trouve tuteur légal de plein droit.

Mais il est clair que le tuteur peut requérir cette apposition : c'est là même en général une mesure de précaution et de garantie qu'il est de son devoir de requérir sans délai lorsqu'il le croit utile.

III. — Soit que les scellés aient été apposés d'office ou sur la réquisition d'un parent ou du tuteur, soit qu'ils n'aient pas été apposés, le tuteur « fera procéder immédiatement à l'inventaire des biens du mineur » (451).

C'est là une opération des plus importantes : elle a, en effet, le double but de faire connaître le chiffre exact de la fortune du mineur et de déterminer l'étendue de la responsabilité du tuteur ; on pourra donc fixer exactement les dépenses directes, le genre d'éducation à adopter pour l'enfant : on se basera de plus sur cet inventaire lors de la reddition des comptes de tutelle.

Cependant, aux termes de l'article 943 du Code de procédure, l'inventaire ne doit contenir que la description et l'estimation des biens meubles, des effets mobiliers, et il n'est pas nécessaire que les immeubles y soient estimés, ni même décrits : « *Immobilia et res soli describi nil necesse est quia patent.* » Toutefois nos anciens auteurs pensaient qu'on ferait bien de décrire sommairement les immeubles eux-mêmes dans l'inventaire, disant que « la déclaration sommaire des maisons et héritages assure la possession au mineur et concourt à conserver son droit. »

L'obligation de faire inventaire est imposée par la loi à tous les tuteurs sans en excepter aucun, pas même le survivant des père et mère.

Cette obligation est tel'ement générale que nous ne saurions admettre que le tuteur puisse être dispensé de faire inventaire par le testateur qui instituerait le mineur pour héritier. Certains interprètes soutiennent cependant que le testateur peut dispenser le tuteur de faire inventaire lorsque le mineur héritier n'a aucune réserve à prétendre sur sa succession. Il pouvait tout donner au tuteur, *a fortiori*, a-t-il pu, en laissant cette fortune au mineur, dispenser le tuteur de l'obligation de faire inventaire. Sans doute, notre opinion est contraire à la loi 13, § 1 au Code (*Arb. tutelœ*, 5, 51).

Mais déjà, dans notre ancien droit, on s'écartait de la doctrine romaine, et sous le Code civil, l'inventaire est une obligation essentielle de toutes les tutelles ; le conseil de ne pourrait pas en dispenser le tuteur ; les dispositions légales ayant pour effet de garantir le patrimoine du pupille, doivent être considérées comme étant d'ordre public, et les pouvoirs du testateur, moins absolus, d'après les principes du Droit français, qu'ils ne l'étaient en Droit romain, ne sauraient aller jusqu'à l'autoriser à déroger à de pareilles dispositions : « *Fecit quod non potuit, quod potuit non fecit.* »

L'obligation de faire inventaire s'applique non-seulement à la succession dévolue au mineur immédiatement avant l'entrée en fonction du tuteur, mais à toutes celles qui pourraient lui échoir durant la gestion du tuteur.

Il peut arriver que les frais d'inventaire absorbent entièrement ou à peu près la valeur des biens ; faudra-t-il faire inventaire même dans ce cas ? en fait, on s'abstiendra presque toujours ; le tuteur s'il est prudent, fera dresser un procès-verbal de carence.

Si la tutelle s'ouvrait par la cessation d'une autre tutelle, l'inventaire serait remplacé par le compte de la tutelle précédente ; il faudrait cependant faire inventaire même en ce cas, si le mineur était héritier de son tuteur prédécédé, ou si toute autre succession à lui échue au moment de ce changement de tuteur n'avait pas été comprise dans le compte tutélaire.

« En présence du subrogé-tuteur », dit l'article **451**. Le contradicteur obligé du tuteur est en effet le subrogé-tuteur. Mais il ne faut pas, croyons-nous, conclure de ces mots : « en présence du subrogé-tuteur », que ce dernier ne puisse se faire représenter dans cette opération. Pothier disait « qu'il peut y assister par un fondé de procuration spéciale » et cependant, dans l'ancien droit, le subrogé-tuteur, avant d'assister à l'inventaire, devait prêter serment.

Les conséquences de l'omission de l'inventaire seraient de permettre au mineur ou à ses représentants, à la fin de a tutelle, de faire la preuve de sa fortune mobilière, par

tous les moyens possibles, même par la commune re-
nommée, ou au moyen d'un serment « *in litem* » qu'il
s'offrirait de prêter (1369, C. c.).

Aux termes de l'article 1442, l'époux survivant commun
en biens perdrait la jouissance des biens de ses enfants.

Enfin si le défaut d'inventaire pouvait être considéré
comme un acte d'incapacité ou d'infidélité, le tuteur pourrait être destitué par l'application de l'article 444-2°.

Si dans l'inventaire, on avait omis certains titres consti-
tutifs de droits contre le pupille au profit des tiers, ceux-ci
ne sauraient souffrir de cette omission. Il n'en est pas de
même à l'égard du tuteur. « S'il lui est dû quelque chose
par le mineur, il devra le déclarer dans l'inventaire à peine
de déchéance, et ce, sur la réquisition de l'officier public (451). »

On voit aisément l'utilité de cette disposition. En effet le
tuteur pourrait avoir contre le mineur une créance éteinte
par le paiement qu'il s'empresserait de faire revivre s'il s'a-
percevait que la quittance de libération ne se trouve pas
parmi les papiers inventoriés.

La réquisition que l'officier public est tenu de faire au
tuteur à ce sujet, devra donc lui être adressée dès le début
de l'opération, ou au plus tard avant le dépouillement des
papiers.

Cette disposition de l'article 451 s'applique à tous les
tuteurs, sans en excepter le tuteur testamentaire.

Absolus quant aux personnes auxquelles cette obligation est imposée, les termes de l'article 451 ne le sont pas

moins quant aux créances qui doivent être déclarées ; le tuteur devra donc dèclarer tout ce qui lui est dù, soit par acte sous-seing privé, soit par acte authentique, à un titre quelconque, sans qu'il y ait lieu de distinguer si la créance du tuteur est ou non liquide.

D'ailleurs, la déchéance que la loi prononce ne s'appliquerait pas s'il s'agissait d'un droit dont le tuteur ne pouvait réellement pas connaître l'existence. Ainsi, au moment de l'inventaire, il recueille une succession qui contient une créance contre l'auteur du pupille ; il serait évidemment injuste d'appliquer à ce cas l'article 451.

Un certain nombre d'auteurs appliquent au subrogé tuteur le § 2 de l'article 451. Nous ne partageons pas cette opinion et voici pourquoi. L'article 451 s'occupe seulement du tuteur et les règles qui lui sont applicables ne le sont pas forcément au subrogé-tuteur. De plus, le danger que le législateur voulait éviter pour le tuteur n'existe plus pour le subrogé-tuteur, les titres ne sont pas entre ses mains et quand même il le voudrait, il ne pourrait pas faire disparaître les quittances.

IV. — L'article 452 est ainsi conçu :

« Dans le mois qui suivra la clôture de l'inventaire, le tuteur fera vendre en présence du subrogé-tuteur, aux enchères reçues par un officier public et après des affiches ou publications dont le procès-verbal de vente fera mention, tous les meubles, autres que ceux que le conseil l'aurait autorisé à conserver en nature. »

Conserver pendant tout le cours de la tutelle des meubles dont le mineur ne se servirait même pas et qui n'en subiraient pas moins la dépréciation, la détérioration ou même la perte qui les atteint par le seul effet du temps, ce serait nuire à l'intérêt bien entendu du mineur.

Quelques explications sont nécessaires sur l'étendue de cette obligation de vendre les meubles, soit quant aux choses auxquelles elle s'applique, soit quant aux personnes qui y sont soumises.

Dans notre article 452, le mot « meubles » est employé seul, faut-il alors en déterminer le sens par l'article 533? Cet article restreint le sens du mot « meubles » employé seul, et dispose qu'ainsi employé il ne comprend pas les livres, instruments, chevaux, armes, grains, linge, etc. Le motif qui a fait ordonner la vente des meubles nous fait immédiatement voir que, dans notre article 452, le mot meubles ne saurait avoir la signification restreinte que lui attribue l'article 533.

L'article 452 s'appliquera donc, en général, à tous les meubles, et à ceux-là surtout qui sont sujets plus que tous autres à des chances de dépréciation, détérioration ou perte.

Mais il est des meubles qui ne sont pas susceptibles de se détériorer et qui ne sont pas improductifs : nous voulons parler des meubles incorporels, des droits mobiliers. Notre règle s'appliquera-t-elle à ces meubles? Évidemment non ! D'abord, le motif qui détermine la vente des meubles corporels, manque ici ; de plus, cette exception était déjà faite dans l'ancien droit. « Les dettes actives du mineur, disait Meslé, ne seront mises aux enchères, vendues ni adjugées. » Enfin, le texte même de l'article 452 par la phrase : « autres que ceux que le conseil aurait autorisés à conserver en nature » indique clairement que, malgré la généralité apparente des mots « tous les meubles » le législateur n'a entendu parler que des meubles corporels.

Il n'y aura pas lieu non plus de vendre les meubles dont la conservation aura été autorisée par le conseil de famille. Ce pouvoir accordé au conseil de famille était nécessaire parce qu'il est des cas où la vente de certains meubles serait plutôt nuisible qu'utile au mineur. Il en serait ainsi par exemple des meubles servant à l'usage habituel du mineur et dont la vente obligerait à en acheter immédiatement de semblables.

C'est le plus souvent sur l'initiative du tuteur que le conseil de famille délibère sur la non opportunité de la vente mais le texte de l'article 452 ne semble pas enlever au conseil de famille le droit d'ordonner que certains meubles soient conservés.

Cette première exception à la règle que les meubles du mineur doivent être vendus à l'ouverture de la tutelle reçoit plus ou moins d'étendue suivant le cas, eu égard à la position sociale du mineur, à sa fortune, à son âge, à l'état auquel il est destiné, etc... Si la succession échue au mineur est peu importante, le conseil de famille autorisera le tuteur à conserver la totalité des meubles pour éviter que les frais de la vente n'en absorbent la valeur.

L'obligation de vendre le mobilier ne pèse pas sur tous

Trouard   9

les tuteurs ; elle n'est pas imposée aux père et mère tant qu'ils ont la jouissance propre et légale des biens du mineur, s'ils préfèrent les garder pour les remettre en nature. Mais le père ou la mère doivent eux-mêmes lorsqu'ils n'ont pas eu ou lorsqu'ils n'ont plus cette jouissance, faire vendre les meubles, à moins que le conseil de famille ne les autotorise à les garder.

Si le tuteur, usufruitier légal, préfère garder les meubles, il doit en faire l'estimation.

Mais qui devra la faire ? Je ne crois pas que l'article 453 ne confère cette attribution qu'aux officiers priseurs ; notre article exige le serment de l'expert choisi par le subrogé-tuteur, ce qui implique qu'il n'était pas antérieurement assermenté.

Cette estimation semble faire double emploi avec l'inventaire qui a dû être déjà dressé par les soins du tuteur, mais ce n'est pas sans raison que la loi édicte cette nouvelle formalité ; en effet, l'estimation que l'on fait dans l'inventaire n'est pas très exacte, puisque les meubles inventoriés sont destinés à être vendus, et alors les enchères en détermineront bien le véritable prix. Mais ici, au contraire, il s'agit d'une estimation qui doit seule et par elle-même fixer définitivement la valeur précise des meubles entre le mineur et le tuteur usufruitier légal, qui, aux termes de l'article 453, ne sera tenu que de restituer la valeur estimative s'il ne représente pas les meubles en nature. Si le tuteur usufruitier légal ne restitue pas un meuble compris dans l'estimation sans expliquer sa perte, il doit rendre l'estimation.

Et supposons maintenant que le tuteur usufruitier légal ait préféré conserver les objets en nature sera-t-il responsable de la perte ou de la détérioration fortuite des objets qu'il a conservés et devra-t-il rendre la valeur estimative de ces objets, ou sera-t-il libéré en les abandonnant tels qu'ils se trouvent à la fin de la tutelle ? En d'autres termes, doit-on lui appliquer les règles de l'usufruit ordinaire contenues dans l'article 589 ?

Certains auteurs tiennent pour l'affirmative et voici comment ils raisonnent.

Le survivant des père et mère a la jouissance propre et l'usufruit légal des biens meubles et immeubles de l'enfant mineur ; les règles de l'usufruit lui sont donc applicables ; or, d'après ces règles, le nu-propriétaire est responsable des cas fortuits et des détériorations survenues par l'usage et par la vétusté ; donc le tuteur usufruitier légal doit être admis à prouver le cas fortuit et n'en être pas responsable.

Mais de plus, rendre celui qui jouit d'une chose responsable de la détérioration occasionnée par cette jouissance, n'est-ce pas nier son droit ?

Tel est le système défendu par M. Valette : explic. du C. civil, page 244-247, et par M. Demante t. II, n° 211 bis.

M. Demolombe soutient la thèse contraire (n° 524 *Traité de la puissance paternelle*).

D'après les articles 589, 950, 1063, 1566 l'usufruitier rend les objets soumis à son usufruit dans l'état où ils se trouvent au moment où il prend fin ! La formule de l'article 453 est bien différente ! « Les père et mère qui au lieu de faire rendre les meubles ont préféré les garder devront les remettre en nature. » Il est impossible qu'une rédaction si spéciale et si distincte, n'ait pas un sens très spécial et très distinct. L'obligation à laquelle ils sont soumis est impérative ; c'est l'objet avec l'ensemble des qualités constitutives de sa nature qu'il devront rendre.

Au surplus, ajoute M. Demolombe, l'usufruit légal accordé au survivant des père et mère crée en sa faveur un bénéfice particulièrement préjudiciable au mineur ; c'est donc justice que cet avantage ait pour contre partie une très lourde responsabilité.

Je me range toutefois à la première opinion, et je pense que l'article 589 qui est général doit recevoir son application ici. D'abord si le père devait être responsable des détériorations provenant de sa propre jouissance, il ne serait pas vrai de dire qu'il a la jouissance de ces biens.

L'article 589 s'applique au tuteur non usufruitier qui a été autorisé par le conseil de famille à conserver les meubles du mineur ; dans ce cas, le tuteur n'est pas responsable des détériorations fortuites ; eh bien ! la loi ne fait que transporter aux père et mère usufruitiers les droits dont le conseil de famille peut investir les autres tuteurs.

Enfin, du vivant des père et mère, le père est usufruitier dans les termes du droit commun et personne ne pense qu'il soit tenu du cas fortuit et du dépérissement par l'usage : je ne sais vraiment pas pourquoi ce droit serait changé par la seule mort de la femme.

Voyons de plus les résultats de la doctrine que nous repoussons : si le tuteur usufruitier légal représente les objets encore existants, si détériorés qu'ils soient il sera libéré ; mais qu'un cas fortuit, un incendie par exemple survienne la veille de la restitution et détruise le mobilier si détérioré, nos adversaires prétendent que le tuteur usufruitier devra le prix de l'estimation, et alors le mineur recevra l'estimation faite à l'ouverture de la tutelle, c'est-à-dire quatre ou cinq fois la valeur actuelle du mobilier. Notre doctrine est, au contraire, l'application du droit commun, et ses résultats sont conformes au bon sens et à l'équité.

L'obligation de vendre les meubles cesse encore en ce qui concerne les meubles dont le tuteur serait usufruitier en vertu d'une convention ou d'un testament : il est dispensé de vendre ces meubles sans même être soumis aux obligations spéciales de l'article 453, en ce sens que son usufruit est, malgré sa qualité de tuteur, régi sous ce rapport par les règles du droit commun.

L'obligation de vendre les meubles ne s'applique pas seulement aux meubles qui dépendent de successions ouvertes au moment où le tuteur entre en fonction, mais encore à ceux qui font partie de successions échues au mineur dans le cours de la gestion tutélaire.

Du reste, le testateur ne pourrait valablement dispenser

le tuteur de l'obligation de vendre les meubles par lui légués au mineur, alors même que ce dernier ne serait pas son héritier à réserve. Une pareille dispense devrait, comme celle de faire inventaire, être réputée non écrite. Il est du reste bien entendu que le conseil de famille, auquel il appartient de désigner les meubles que le tuteur est appelé à conserver en nature, pourrait et devrait prendre en grande considération, les volontés du testateur.

D'après l'article 452, la vente devait avoir lieu dans le délai d'un mois ; mais ce délai n'était pas, après tout, absolument de rigueur et le tuteur ne devait des dommages-intérêts au mineur qu'autant qu'il lui avait causé un préjudice en ne procèdant pas à la vente dans les délais, il était quelquefois avantageux pour le mineur d'attendre, au delà de ce terme une époque plus propice, un jour de marchè par exemple dans les campagnes.

La loi en exigeant que les meubles soient vendus dans le mois qui suit la clôture de l'inventaire, n'entend pas forcer le tuteur à l'achever dans ce délai ; on s'en rapporte à ce sujet au sage discernement du tuteur et au droit de surveillance du subrogé-tuteur.

Que si le tuteur vend des meubles sans les formalités requises, ou s'il vend des meubles qu'il devait conserver, il est responsable vis à vis du mineur des dommages qu'il a pu ainsi lui causer ; en aucun cas les tiers ne seront inquiétés (Demolombe, t. I, n° 582).

Le tuteur serait à plus forte raison responsable si, au lieu de faire vendre les meubles après l'expiration du délai fixé par l'article 452, il ne les faisait pas vendre du tout. Mais comment faut-il apprécier les dommages-intérêts dus au mineur ? C'est, ce me semble, d'après les principes généraux.

Le mineur pourrait donc réclamer à son choix soit tous les meubles eux-mêmes en nature, à charge pour le tuteur de tenir compte de la dépréciation et de la détérioration qu'ils auraient subies, alors même qu'il ne s'en serait pas servi pour son usage personnel, soit le montant de l'estimation porté dans l'inventaire. Or, dans ce cas des dommages-intérêts sont encore dus puisque cette estimation n'était pas faite pour déterminer la dette du tuteur et qu'il devait y avoir vente aux enchères. Ces dommages-intérêts seront l'équivalent des intérêts du prix produit par la vente si elle avait eu lieu (Duranton t. III, n° 543 n° 2). Mais alors restait la question de savoir ce qu'il faut décider à l'égard des meubles incorporels, qui appartiennent au mineur au moment de l'ouverture de la tutelle ou qui lui adviennent postérieurement. Pouvaient-ils être vendus par le tuteur seul, ou l'autorisation du conseil de famille était-elle nécessaire ? Cette question était l'objet des plus vives controverses et la jurisprudence pas plus que la doctrine n'avaient pu se mettre d'accord.

On pourrait la rattacher au chapitre où nous nous occuperons des actes que le tuteur peut faire seul, mais elle trouve tout naturellement sa place dans l'explication de l'article 452 qui traite des ventes de meubles.

Il ne nous paraît pas douteux que sous l'empire du Code

civil les titres appartenant aux mineurs et aux interdits pouvaient être vendus, à raison de leur caractère mobilier, par le tuteur sans autorisation judiciaire. Cependant le tuteur chargé d'administrer une fortune considérable était désireux de couvrir sa responsabilité, et demandait l'autorisation du conseil de famille. Cette autorisation n'étant pas exigée par la loi, l'homologation du tribunal lui était refusée, et le tutenr se trouvait seul garant des actes de son administration.

Il était donc regrettable que les dispositions prises par les décrets de 1806 et de 1813 pour la vente des rentes sur l'État et des actions de la Banque appartenant à des mineurs et dépassant un certain chiffre n'aient pas été étendues aux autres valeurs mobilières. Les mineurs et les interdits se trouvaient par ce silence de la loi, exposés à se voir dépouillés par ceux-là mêmes qui devaient les défendre.

Il est vrai que frappée des inconvénients que cette règle entrainait par suite du développement de la fortune mobilière, la Cour de cassation avait déclaré dans plusieurs arrêts, que les formalités prescrites par l'article 452 du Code civil pour la vente des meubles du mineur, étaient applicables en cas de vente d'actions industrielles. Il était donc devenu urgent de mettre fin à cette incertitude, en comblant la lacune qui existait dans la législation, à l'égard des formalités à remplir pour la vente des valeurs mobilières appartenant aux mineurs (Buchère, *Traité sur les valeurs mobilières*, n° 400).

Un projet de loi relatif à l'aliénation des valeurs mobilières appartenant à des mineurs ou interdits, fut présenté par le gourvernement le 9 novembre 1876.

Les valeurs ne pouvaient être vendues par le tuteur qu'avec l'autorisation du conseil de famille, il fallait de plus avoir recours à un agent de change toutes les fois qu'il s'agissait de valeurs de Bourse ; pour assurer l'exécution de ces dispositions les valeurs au porteur devaient être converties en valeurs nominatives dans les six mois de l'ouverture de la tutelle.

Ce projet ne put être examiné à cause des nécessités politiques du moment et on en retarda l'étude tout en reconnaissant son urgence incontestable.

Au mois de mai 1878, M. Dufaure déposa un nouveau projet de loi qui subit de nombreuses modifications devant la commission du Sénat. La Chambre apporta des retards à l'examiner et c'est seulement en juin 1879 qu'il fut adopté en première délibération. Soumis de nouveau au Sénat le 17 février 1880 il fut voté sans modifications nouvelles.

Nous avions déjà deux dispositions spéciales relatives l'une à la rente sur l'État, l'autre aux actions de la Banque de France ; les décrets du 24 mars 1806 et du 25 septembre 1813 défendaient sous certaines exceptions aux tuteurs de transférer sans l'autorisation du conseil de famille les rentes sur l'État et les actions de la Banque de France appartenant à des incapables.

Toutefois la plupart de ces entraves à la libre administration du tuteur étaient facilement surmontées ; les tuteurs pouvaient recevoir, sans être astreints à aucune formalité ni à aucun remploi, les créances même hypothécaires des mineurs, soit lorsque l'échéance en était arrivée, soit auparavant, s'il plaisait au débiteur de se libérer, et s'ils n'avaient pas le droit d'en faire le transport, ils pouvaient, d'accord avec le débiteur, les recevoir, également avant leur échéance, au moyen de la subrogation autorisée par l'article 1250, n° 2 du Code civil.

En ce qui touche les obligations de chemins de fer ou autres, si nombreuses à notre époque, rien ne s'opposait à ce que le tuteur convertisse en valeurs au porteur, les titres nominatifs pour en disposer ensuite à son gré.

Le législateur, en protégeant d'une manière plus efficace les incapables, a donc fait une chose bonne et utile.

La loi qui nous occupe contient trois idées principales, trois objets, selon l'expression de son rapporteur :

1° Prohibition d'aliéner les valeurs mobilières appartenant aux incapables, sans une autorisation préalable du conseil de famille, homologuée en certains cas, par le tribunal ;

2° Conversion des titres au porteur en titres nominatifs ;

3° Emploi des capitaux.

Nous allons examiner successivement chacun des douze articles de cette loi. Nous nous efforcerons de rechercher ce que la loi de 1880 a détruit, ce qu'elle a créé et les conséquences pratiques de ses nombreux cas d'application.

Art. 1er. — Le tuteur ne pourra aliéner sans y être autorisé préalablement par le conseil de famille, les rentes,

actions, parts d'intérêts, obligations et autres meubles
incorporels quelconques appartenant au mineur et à l'interdit.

Le conseil de famille en autorisant l'aliénation prescrira
les mesures qu'il jugera utiles.

Le législateur de 1880 comble donc une lacune de notre
législation ; les rédacteurs du Code ne s'étaient pas préoc-
cupés de cette question ; qui, en 1803, c'est-à-dire lors
de la promulgation du titre relatif à la tutelle, présentait
peu d'intérêt à cause du peu de développement de la fortune mobilière à cette époque. On était encore imbu de
cette idée que : « *Vilis est mobilium possessio* », et il ne
semblait pas qu'il y eut inconvénient à ne pas entraver la
liberté d'action du tuteur pour des objets d'une importance
minime et au sujet desquels il était supposé offrir des
garanties suffisantes.

La révolution économique qui s'est opérée en France
depuis le commencement de ce siècle et qui a eu pour
résultat la transformation de la fortune publique, rendait
nécessaire une législation nouvelle, toute de protection pour
la fortune mobilière des incapables. C'est ce qu'a compris
le législateur de 1880.

Pour bien saisir les nombreux cas d'application de la
loi nouvelle, il suffit de déterminer ce que l'on entend par
meubles incorporels : ce sont tous les droits et actions qui
n'étant par leur nature ni meubles, ni immeubles, sont
réputés meubles suivant la détermination de la loi (art. 529,

C. c.), à cause de la nature mobilière des objets auxquels ils s'appliquent.

MM. Aubry et Rau en donnent l'énumération suivante :

1° Les droits réels de propriété et d'usufruit portant sur des choses mobilières ;

2° Les créances ayant pour objet le paiement d'une somme d'argent, ou de toute autre chose mobilière, même celles dont le capital est inexigible, c'est-à-dire les rentes viagères ou perpétuelles, dues par l'État ou par des particuliers ; il en est ainsi bien que ces créances ou rentes se trouvent garanties par un privilège ou par une hypothèque ;

3° Les droits correspondant à des obligations de faire ou de ne pas faire, et notamment le droit résultant, pour le propriétaire d'un fonds, de l'obligation d'y élever des constructions, contractée à son profit par un tiers ;

4° Les droits personnels de jouissance, tels que celui du fermier ou locataire ;

5° Les actions dans les sociétés de commerce proprement dites, ainsi que dans celles qui, bien qu'ayant pour objet des opérations civiles, sont organisées et fonctionnent sous une forme commerciale et constituent des personnes morales. Il en est ainsi, alors même que des immeubles sont compris dans l'actif social, ils conservent leur caractère immobilier relativement à l'être moral, la société et à ses créanciers ; mais le droit éventuel de chaque associé est purement mobilier, tant que le partage de l'acte n'aura pas eu lieu ;

6° Les offices ou, pour parler plus exactement, la valeur

pécuniaire du droit qui appartient aux officiers ministériels dénommés dans l'article 91 de la loi du 28 août 1816, de présenter un successeur et de stipuler un prix de cession pour la transmission de l'office ;

7° Les droits de propriété littéraire et artistique, et ceux qui se trouvent attachés aux brevets d'invention et aux marques de fabrique ;

8° Les droits de péage concédés, sur des ponts dépendant du domaine public, aux entrepreneurs ou constructeurs de ces ponts ;

9° Toutes les actions qui ont pour objet l'exercice ou la réalisation d'un droit mobilier, alors même qu'elles tendraient à la délivrance d'un immeuble, réclamée en vertu d'un droit simplement personnel de jouissance.

Voilà tout ce dont le tuteur avait la libre disposition avant la promulgation de la loi qui nous occupe.

On voit que le rapporteur de la loi avait raison de dire que « les tuteurs étaient maîtres absolus de la fortune mobilière des mineurs, qu'ils pouvaient disposer sans contrôle de toutes les valeurs, actions ou obligations, titres au porteur ou nominatifs, et que la justice sollicitée de leur venir en aide n'avait pu que déclarer son impuissance. »

Remarquons tout d'abord la généralité des termes de l'article premier. Le tuteur ne pourra aliéner... Lors de la discussion de cet article M. de Gavardie avait proposé d'excepter de cette règle le père ou la mère survivants.

D'après lui l'affection, la tendresse que le survivant des père et mère aura pour son enfant sont des garanties suffi-

santes, de bonne administration ; de plus, disait-il, forcer le
père ou la mère survivante à obtenir l'autorisation du conseil de famille pour aliéner tel meuble de son enfant, c'est
lui enlever la disposition d'un patrimoine dont le prédécès
de son conjoint l'a dépouillé : l'article premier mettait donc
une entrave à la puissance paternelle ; l'affranchir de cette
règle était au contraire fortifier son autorité.

On a répondu victorieusement qu'admettre une semblable
exception à l'article premier, était singulièrement restreindre
les cas d'application de la loi ; la tutelle légitime est en effet
sans contredit la plus communément appliquée; de plus,
pendant le mariage, l'administration du père est surveillée
par la mère : elle protestera le jour où les intérêts de son
enfant seront lésés et d'ailleurs sa seule présence est une
garantie de bonne gestion. A l'instant où la société se dis-
sout au contraire, un conflit d'intérêts devient imminent
entre l'enfant et l'époux survivant qui voit s'ouvrir des
droits à son profit sur la succession de l'époux prédécédé ;
il eut donc été imprudent de s'exposer à voir les intérêts
de l'enfant sacrifiés à ceux de son protecteur naturel.

Je ne sais pas non plus pourquoi dans cette matière spéciale on aurait créé des privilèges au profit d'une classe de
tuteurs qui est soumise dans tous les autres cas aux mêmes
règles que les autres tuteurs.

La loi de 1880 ne s'applique pas au père administrateur
légal ; ce dernier conserve pendant la durée du mariage,
l'administration de la fortune de son enfant telle qu'elle lui
appartient suivant les dispositions du Code civil. Autre

chose, en effet, est la tutelle, autre chose l'administration légale, les rédacteurs du Code civil l'avaient si bien compris qu'ils n'avaient pas exigé dans ce cas l'hypothèque légale comme sauvegarde des intérêts du mineur ; les biens du mari étant déjà grevés de l'hypothèque de la femme, on eût porté une grave atteinte à son crédit en les grevant à nouveau. Ils n'avaient pas non plus exigé la nomination d'un subrogé-tuteur sachant bien que la mère est là, pendant le mariage, pour surveiller les intérêts de son enfant. Aurait-on pu investir un étranger du droit de contrôler les actes du père de famille sans porter atteinte à l'autorité, à la puissance paternelle ? La mère, au contraire, assistera son mari, surveillera sa gestion, et cela, non pas dans un sentiment de défiance, vis-à-vis de l'époux, mais dans un sentiment d'instinctive tendresse pour ses enfants.

On a dit qu'une disposition directement faite au profit de l'enfant faisait naître du ressentiment dans l'esprit du père administrateur légal, qu'en de telles circonstances il était dangereux de lui confier la gestion de ces biens. Ces objections n'ont pas paru concluantes. Voici les termes du rapport : « La coexistence des deux époux, leurs efforts communs, paraissent être autant d'éléments de sûreté pour les intérêts que le mineur peut personnellement posséder, ce qui est d'ailleurs exceptionnel. En tous cas il y a là une garantie morale et une garantie matérielle. »

Il peut se faire qu'il y ait entre le père et l'enfant un conflit d'intérêt, en ce cas le tribunal nomme un administrateur *ad hoc.*

Quand la loi revint en seconde lecture au Sénat,
M. Gazagne proposa d'ajouter à la suite de l'article 10,
une disposition ainsi conçue : « La présente loi sera
applicable au père administrateur légal dans les cas de :

I. — Séparation de corps obtenue contre lui ;

II. — Séparation de biens ;

III. — D'expropriation ;

IV. — De faillite ou de déconfiture.

Ses arguments étaient spécieux. L'homme qui s'est rendu coupable, disait-il, d'excès, sévices, ou injures graves
vis-à-vis de sa femme est incapable de bien gérer une fortune que la loi lui confie. L'homme qui a été mauvais mari,
est bien près d'être mauvais père.

Dans le cas de séparation de biens demandée par la
femme, un danger existe encore ; si comme mari il a mal
administré la dot de sa femme au point de la mettre en
péril, comme père, il devra compromettre les intérêts de
ses enfants.

Malgré la gravité de ces objections l'amendement fut re-
jeté par le Sénat après quelque observations de M. Denormandie.

La loi sur l'aliénation des valeurs mobilières a pour but
de protéger les mineurs mais ceux-là seulement qui sont en
tutelle ; elle est dirigée contre les tuteurs ; l'amendement
proposé sort du sujet traité par la loi, il tendrait à résoudre une question spéciale et depuis longtemps controversée,
celle de savoir si le père administrateur légal de la fortune
de ses enfants jouit d'une liberté pleine et entière, ou si au

contraire l'autorisation du conseil de famille lui est nécessaire dans certains cas ; en effet dire que le père administrateur légal en faillite ou en déconfiture doit obtenir l'autorisation du conseil de famille pour aliéner les valeurs
mobilières de l'enfant c'est dire implicitement que dans le
cas contraire il peut s'en dispenser.

Sous le bénéfice de ces observations, le rapporteur
triompha. Le tuteur devra se faire autoriser par le conseil
de famille, conformément aux règles tracées dans les articles
405 et suivants du Code civil. Il ne sera pas nécessaire
qu'il y ait une réunion spéciale du conseil de famille.
Cette autorisation pourra être donnée au tuteur lors de la
délibération qui le nommera, qui l'autorisera à faire tel ou
tel acte de gestion.

Cette loi a donc pour résultat de restreindre les pouvoirs
du tuteur puisqu'elle ne distingue plus entre les rentes
supérieures et les rentes inférieures à 50 francs pour prescrire ou non l'autorisation du conseil de famille ; elle oblige
le tuteur à se procurer l'autorisation du conseil de famille,
quelque minime que soit le chiffre de la rente. L'article
premier ajoute que le conseil de famille, en autorisant
l'aliénation, prescrira les mesures qu'il jugera utiles ; cette
disposition s'adresse aux juges de paix, présidents du conseil qui devront interpeller les membres du conseil de
famille, lors de la délibération que doit suivre l'autorisation d'aliéner, pour savoir s'il leur plaît d'ordonner que
le remploi devra être fait de la manière qu'ils prescriront.

L'autorisation d'aliéner étant accordée, comment sera-t-il

procédé à l'aliénation ? L'article 452 du Code civil se borne à dire que la vente du mobilier aura lieu aux enchères publiques ; ce mode de vente ne peut pas toujours être employé. Nous savons combien est grande la diversité des valeurs comprises sous la désignation générale de meubles incorporels ; les unes doivent faire l'objet de cessions directes et amiables ; d'autres cotées à la Bourse doivent être négociées par le ministère d'un agent de change ; c'est pour elles seulement que le législateur de 1880 a donné la marche à suivre.

Nous avons vu plus haut que l'autorisation du conseil de famille était toujours nécessaire pour aliéner les valeurs mobilières appartenant aux mineurs, l'article 2 va nous indiquer les cas dans lesquels cette autorisation doit être homologuée.

ART. 2. — Lorsque la valeur des meubles incorporels à aliéner dépassera, d'après l'appréciation du conseil de famille, 1500 francs en capital, la délibération sera soumise à l'homologation du tribunal qui statuera en la chambre du conseil, le ministère public entendu, le tout sans dérogation à l'article 883 du Code de procédure civile ; dans tous les cas, le jugement rendu sera en dernier ressort.

Quand il s'est agi de déterminer les cas dans lesquels l'homologation du tribunal serait exigée, plusieurs systèmes furent successivement présentés.

Le Sénat avait d'abord proposé le chiffre de 5000 francs au-dessus duquel les délibérations du conseil de famille devaient être homologuées, puis, sur les objections de

Jules Favre, qui se plaignait de voir protéger les mineurs riches et de laisser les fortunes modestes à la merci du tuteur, on eut l'idée de n'exiger l'homologation du tribunal qu'au cas où l'autorisation du conseil de famille n'aurait pas été donnée à l'unanimité des membres ; à la Chambre, ce système fut repoussé ; il ne convenait pas de s'exposer à ce qu'un membre peu scrupuleux, peut-être à cause de son inimitié avec le tuteur, mît des entraves à l'administration de la fortune du mineur par son opposition systématique ; bref en dernière lecture on prit comme base d'estimation celle qu'avait choisie le législateur de 1806 et le chiffre de 1500 fr. fut adopté, si bien qu'au-delà de cette somme l'homologation du tribunal devint nécessaire.

Il appartient donc au conseil de famille d'apprécier la valeur des meubles incorporels à aliéner. Comment faudra-t-il opérer ? pour certaines valeurs cotées à la Bourse, il suffira d'en rechercher à la cote officielle de la Bourse le cours le jour de la délibération ; mais toutes les valeurs n'y sont pas cotées, et le seraient-elles peuvent être soumises à des fluctuations qui rendent une évaluation impossible. Le conseil de famille devra, croyons-nous, s'éclairer auprès des agents de change, banquiers, notaires, et fixer d'après ces renseignements, son appréciation.

De plus un autre cas peut se présenter. Au-dessous de 1500 francs, avons-nous dit, l'homologation du tribunal n'est pas nécessaire, au-dessus elle le devient ; supposons une valeur supérieure à 1500 fr. le jour de la délibération qui, à l'expiration du temps nécessaire pour accomplir la formalité de la vente, et par suite de l'augmentation de son cours atteint le chiffre de 1700 fr. quand le tuteur veut la négocier.

La délibération du conseil de famille sera-t-elle nulle ? ou si elle est valable, devra-t-elle être soumise à l'homologation ?

Sur la première question, on pouvait soutenir que l'autorisation du conseil de famille est nulle car le conseil de famille qui a consenti à l'aliénation d'une valeur de 1,500 fr., eût peut-être reculé devant la vente d'une valeur de 1,700 francs. Je crois cependant qu'on doit considérer cette autorisation comme valable ; car elle portait sur une question d'opportunité de négociation plutôt que sur un chiffre.

Mais la seconde question reste entière et dans l'espèce qui nous occupe on peut se demander si l'homologation devient nécessaire. L'agent de change pourrait dire au tuteur qui se présenterait avec les titres : justifiez d'une homologation du tribunal, car les valeurs à négocier sont supérieures à 1,500 francs ! Je ne crois pas cependant qu'il faille suivre cette opinion. L'article 2 se place au jour de la délibération du conseil de famille et non au jour de la vente pour faire fixer la valeur de l'objet à aliéner : dès qu'à cet instant précis, la somme à aliéner était inférieure à 1,500 fr. l'homologation du tribunal est inutile.

Et réciproquement il peut se faire qu'une somme supérieure à 1,500 francs le jour de la délibération du conseil de famille, soit inférieure à ce chiffre le jour de la vente, malgré cela l'homologation du tribunal sera encore nécessaire.

Les termes de l'article 2 montrent d'ailleurs clairement que telle était l'opinion du législateur : « Lorsque la valeur des meubles incorporels à aliéner dépassera, y est-il dit. *d'après l'appréciation du conseil de famille*, 1,500 francs de capital. » C'est la valeur d'après l'appréciation du conseil de famille « au jour de la délibération. »

La demande d'homologation s'introduit par le ministère d'un avoué exerçant près le tribunal de première instance du domicile du mineur.

Une requête est adressée au président du tribunal qui, par une ordonnance mise au bas de la requête, ordonne la communication au ministère public et commet un juge pour faire un rapport (883, P. c.).

Le procureur de la République donne ensuite ses conclusions au bas de la dite ordonnance ; la cause est instruite sommairement. Le tribunal, réuni en la chambre du conseil, en présence du procureur de la République, et après le rapport du juge commis, rend, par l'organe de son président, le jugement d'homologation (art. 884, 885, 886).

Le tribunal ne peut d'ailleurs qu'accorder ou refuser son homologation ; il ne lui appartient pas de modifier la délibération du conseil.

Les délibérations du conseil de famille peuvent être attaquées en justice ; la procédure à suivre est indiquée dans les articles 883 et suivants du Code de procédure civile ;

le tuteur et chacun des membres du conseil de famille pourront se pourvoir contre la délibération et intenter l'action contre tout membre qui a voté pour l'opinion qui a réuni le plus de suffrages ; le juge de paix doit cependant être excepté ; bien que membre du conseil de famille, puisqu'il en est un des éléments essentiels lors de la délibération, il cesse d'en faire partie quand les délibérations sont rendues et ne peut être partie au procès.

L'homologation exigée par l'article 2 de la loi de février 1880 doit être poursuivie devant le tribunal du domicile du mineur ; s'il s'agit d'aliéner des valeurs faisant partie d'une succession échue au mineur, le tribunal de l'ouverture de la succession et celui du domicile du mineur sont compétents.

Si le tuteur ou le membre du conseil de famille chargé de poursuivre l'homologation ne se conforme pas à sa mission dans le délai fixé par la délibération, ou, à défaut de délai, dans la quinzaine de la délibération, un des membres du conseil de famille devra poursuivre l'homologation contre le tuteur ; le subrogé-tuteur ou toute personne intéressée, même n'ayant pas fait partie du conseil de famille, pourra au besoin la poursuivre.

L'article 2, *in fine* décide que : « dans tous les cas, le jugement sera rendu en dernier ressort ». Nous trouvons là une dérogation aux principes du Code de procédure civile en vertu desquels les demandes en nullité de délibération et les jugements d'homologation de délibération sont susceptibles d'appel (art. 889, pr. c. 448, C. c.), or notre article vise les deux cas, car après avoir renvoyé à l'article 883 du Code de procédure qui ne traite que des demandes en nullité de délibération il ajoute *in fine* « dans tous les cas, le jugement sera rendu en dernier ressort. » Dans tous les cas c'est-à-dire qu'il s'agisse d'une demande en nullité de délibération ou d'une demande d'homologation.

Cette dérogation aux principes ordinaires est d'ailleurs facile à comprendre. La voie de l'appel s'ouvre toujours quand les délibérations attaquées présentent une importante gravité ; quand le conseil de famille, a par exemple, destitué le tuteur de la tutelle ; mais, quand il s'agit d'aliénation de meubles corporels, il était inutile de compliquer encore la procédure.

Si les valeurs mobilières valant plus de 1500 fr. ont été immatriculées au nom de plusieurs mineurs de telle sorte que chacun d'eux n'ait qu'une portion inférieure à 1500 fr., l'homologation ne sera pas nécessaire.

Si au contraire des majeurs et des mineurs sont copropriétaires indivis de valeurs mobilières, on devra provoquer le partage de ces valeurs avant de procéder à la vente de la part définitivement échue au mineur.

ART. 3. — L'aliénation sera opérée par le ministère d'un agent de change toutes les fois que les valeurs seront négociables à la Bourse au cours moyen du jour.

Le législateur de 1880 a exigé le ministère d'un agent de change afin qu'on puisse obtenir la constatation exacte du produit de la vente ; on évite ainsi les détournements auxquels un tuteur infidèle aurait pu se livrer.

A défaut d'agent de change, un notaire pourra vendre en Bourse les valeurs appartenant à l'incapable.

Mais il existe différentes espèces de valeurs, les unes cotées en Bourse, les autres cotées en Banque. Les premières seraient négociées au taux moyen du jour : on appelle taux moyen la moyenne des cours atteints par une valeur durant la même Bourse. La cote des secondes est fournie par les banquiers qui, en vertu de la loi de l'offre et de la demande, leur donnent chaque jour un cours qui fait la loi des transactions.

Quant aux valeurs non cotées ni en Bourse ni en Banque, on procèdera à leur vente par voie d'adjudication publique dans une étude de notaire.

En ce qui concerne le choix de l'agent de change, le conseil de famille peut, s'il le juge convenable, s'en rapporter au tuteur, mais il nous semble préférable que le conseil désigne lui-même l'agent chargé de la négociation : il en résultera pour ce dernier une responsabilité plus sérieuse garantissant mieux les intérêts de l'incapable.

S'il s'agit de valeurs cotées à la Bourse, on avertira l'agent de change constitué en lui signifiant par acte extra judiciaire la copie de la délibération du conseil de famille en vertu de laquelle la vente a été autorisée ; on devra y joindre, pour le cas où la délibération aurait été homologuée, la signification du jugement d'homologation ; on ne signifie pas habituellement les jugements rendus en chambre du conseil, mais ici, comme dans d'autres cas exceptionnels, cette signification est utile ; l'original restera en tous cas annexé aux minutes d'inventaire du notaire et ne pourra pas être déplacé.

L'exploit de signification contiendra au besoin sommation à l'agent de change, dont le ministère est obligatoire, de procéder à la vente.

Art. 4. — Le mineur émancipé au cours de la tutelle, même assisté de son curateur, devra observer pour l'aliénation de ses meubles incorporels, les formes ci-dessus prescrites à l'égard du mineur non émancipé.

Cette disposition ne s'applique pas au mineur émancipé par le mariage.

Sous la législation de 1806, le mineur émancipé pouvait avec l'assistance de son curateur, aliéner les titres de rente sur l'État inférieurs à 50 francs, il avait avec cette assistance à peu près les mêmes droits que le tuteur lui-même. La loi nouvelle impose au mineur assisté de son curateur les mêmes obligations qu'au tuteur. Remarquons que la loi ne parle que du mineur émancipé au cours de la tutelle, ces expressions forment opposition avec le cas où le mineur serait émancipé par son père administrateur légal. On n'a pas voulu appliquer la loi nouvelle à ce dernier mineur, car, ce que son père pouvait faire seul pendant l'administration légale, sans autorisation du conseil de famille, ni homologation du tribunal, doit pouvoir être fait sans plus de formalité après l'émancipation par le mineur assisté de son père devenu son curateur.

L'article 4 *in fine* décide que cette disposition n'est pas applicable au mineur émancipé par le mariage.

Quelle sera donc la situation de ce mineur ?

L'exception établie en sa faveur a été proposée par la commission de la Chambre des députés, dans la séance du 7 juin 1879, et le projet de cette commission était ainsi conçu : « Cette disposition ne s'applique pas au mineur émancipé par le mariage, ni au mineur autorisé à faire le commerce ; l'un et l'autre pourront aliéner leurs meubles incorporels avec la seule assistance de leur curateur. »

Dans la rédaction actuelle, une lacune malheureuse s'est glissée et voici comment M. Denormandie la relève dans son rapport au Sénat :

« On peut se demander, dit-il, quelle situation résulte de cette disposition pour le mineur émancipé par le mariage. Aucun des autres articles du projet de loi ne faisant mention de lui, on se trouve amené à cette conclusion, c'est qu'on doit lui appliquer le droit commun et que le projet de loi le laisse absolument dans sa situation actuelle, et cependant il faut bien reconnaître que le projet de loi tel qu'il est libellé ne laisse même pas le mineur émancipé par mariage en face de la législation antérieure, car il se termine par un article 12 ainsi conçu : « La loi du 21 mars 1807 et le décret du 25 septembre 1813 sont abrogés ; sont également abrogées toutes les dispositions des lois contraires à la présente loi. »

« Ainsi quand un mineur émancipé par le mariage demandera quels sont ses droits et ses devoirs relativement aux meubles incorporels lui appartenant, on devra lui dire : ce n'est pas la loi de 1880, qui doit être suivie pour

vous, elle ne s'applique pas à vous ; encore moins la loi
de 1806 et le décret de 1813 ; ils sont abrogés. Tout au
plus est-ce le Code civil, puisque sont abrogées toutes les
dispositions des lois contraires à celles de 1880, et le Code
civil est muet à votre égard.

« Mais cet état anormal ne peut résulter que d'une rédaction insuffisante, et pour peu qu'on étudie la discussion
du projet de loi on arrive facilement à être convaincu.
L'addition dans le § du mot : *même*, devant ceux : *assisté
de son curateur*, indique bien que l'on considère l'aliénation par le mineur émancipé avec la seule assistance de
son curateur comme étant aujourd'hui de droit commun,
et il ne paraît pas douteux qu'on reconnaît au mineur
émancipé par le mariage, le droit d'aliéner avec la seule
assistance de son curateur. »

Nous avons vu que l'article du projet de loi exigeait que
le mineur autorisé à faire le commerce fût assisté de son
curateur pour aliéner ses valeurs mobilières. Devant la
Chambre des députés, M. Durand attaqua un pareil système et triompha. Ses objections étaient d'ailleurs fort jus-
tes. Si, disait-il, on a accordé au mineur commerçant une
demi capacité, c'était pour ne pas apporter d'entraves aux
transactions commerciales qui doivent être conclues rapide-
dement ; exiger l'assistance du curateur le jour où le mineur
voudra céder une obligation, un titre de rente, tirer une
lettre de change ou l'endosser, c'est déclarer que le mineur
ne peut être commerçant.

Il y aurait aussi une anomalie frappante de permettre

au mineur commerçant de constituer des hypothèques sur ses immeubles, tout en lui défendant d'aliéner quelques valeurs mobilières ; ce serait indirectement l'engager à hypothéquer ses immeubles ce qu'il pourrait faire en pleine et entière liberté.

De plus pour faire le commerce, il faut que le mineur satisfasse à des conditions d'aptitudes ; or, de deux choses l'une : ou il sera pleinement capable de faire le commerce, et alors on l'autorisera ; ou il en sera jugé incapable et alors l'autorisation lui sera refusée. Il n'y aura donc aucun danger à lui permettre d'aliéner des valeurs mobilières quand on lui a confié déjà des intérêts plus considérables.

Art. 5. — Le tuteur devra dans les trois mois qui suivront l'ouverture de la tutelle, convertir en titres nominatifs les titres au porteur appartenant au mineur ou à l'interdit, et dont le conseil de famille n'aurait pas jugé l'aliénation nécessaire ou utile.

Il devra également convertir en titres nominatifs les titres au porteur qui adviendraient au mineur ou à l'interdit, de quelque manière que ce fût, et dans le même délai de trois mois à partir de l'attribution définitive ou de la mise en possession de ces valeurs.

Le conseil de famille pourra fixer pour la conversion un terme plus long.

Lorsque, soit par leur nature, soit à raison de convention, les valeurs au porteur ne seront pas susceptibles d'être converties en titres nominatifs, le tuteur devra, dans les trois mois, obtenir du conseil de famille l'autorisation soit de les aliéner avec emploi, soit de les conserver ; dans ce dernier cas, comme dans celui prévu par le paragraphe précédent, le conseil pourra prescrire le dépôt des titres au porteur, au nom du mineur ou de l'interdit, soit à la caisse des dépôts et consignations, soit entre les mains d'une personne ou d'une société spécialement désignée.

Les délais ci-dessus ne seront applicables que sous la réserve des droits des tiers et des conventions préexistantes.

Les quatre premiers articles de la loi de 1880 nous indiquent les formalités à remplir pour aliéner les valeurs mobilières appartenant aux incapables, l'article 5 s'occupe particulièrement des titres au porteur leur appartenant.

Dans les trois mois de l'ouverture de la tutelle ceux dont l'aliénation n'aura pas été demandée devront être convertis en titres nominatifs.

Si c'est au cours de la tutelle que les titres au porteur sont échus à l'incapable, le délai de trois mois commencera à courir du jour où il en aura acquis la possession définitive.

Cette mesure est une nouvelle protection accordée à l'incapable contre toute mauvaise gestion du tuteur. On comprend aisément que les valeurs au porteur étant la propriété de celui qui les détient, il eût été facile à un tuteur peu scrupuleux de s'en emparer aux dépens de leur vrai propriétaire.

Le § 3 de l'article 5 nous dit que le conseil de famille pourra fixer pour la conversion un terme plus long.

Il est bon de remarquer ici combien les attributions du

conseil de famille se trouvent élargies par la loi nouvelle. Suivant le droit commun que faisait-il ? Il nommait le tuteur, et le subrogé-tuteur donnait son autorisation au tuteur dans des cas déterminés, son avis, sur certaines questions ; d'après notre article 5, au moment où une succession s'ouvre au profit du mineur, le conseil devra s'informer s'il existe dans cette succession des valeurs nominatives et au porteur, décider si elles seront vendues ou conservées, ordonner que les valeurs au porteur soient converties en valeurs nominatives et pour le cas où cette formalité serait rendue impossible par la nature du titre, désigner entre quelles mains elles devront être déposées.

Chacune de ces solutions est généralement adoptée à la première réunion du conseil de famille, mais il se peut qu'il en soit autrement et que les questions relatives à l'aliénation des valeurs mobilières ou de la conversion des titres au porteur ne lui soient soumises que postérieurement, voilà pourquoi le législateur a permis au conseil d'allonger le délai de trois mois concédé au tuteur pour la conversion des titres.

Le § 4 de l'article 5 prévoit le cas où des valeurs au porteur ne seront pas susceptibles de conversion en titres nominatifs. Il existe en effet des valeurs que les sociétés émettent, en les déclarant non susceptibles d'être converties en titres nominatifs, comme par exemple les valeurs russes et presque toutes les valeurs étrangères.

Dans ce cas, le conseil de famille sera consulté, le tuteur devra, dans les trois mois de l'ouverture de la tutelle ou de l'attribution définitive, obtenir l'autorisation de les aliéner ou de les conserver ; si l'aliénation est décidée, on procédera d'après les règles des articles 1, 2, 3 ; dans le cas contraire, le conseil devra prescrire le dépôt des titres au porteur au nom de l'incapable, soit à la caisse des dépôts et consignations, soit entre les mains d'une personne ou d'une société spécialement désignée, car on veut éviter que les valeurs restent entre les mains du tuteur, qui pourrait se les approprier.

Le tuteur n'en reste pas moins chargé de percevoir les dividendes et de toucher les revenus du mineur ; il continue à administrer, comme par le passé ; sa gestion est seulement plus surveillée.

La loi nouvelle entend reconnaître les conventions préexistantes et faire respecter les droits des tiers, c'est ce que nous dit l'article 5, *in fine*. Supposons, en effet, que le précédent propriétaire des valeurs au porteur se soit engagé, envers la société créatrice de ces valeurs, à ne pas les convertir en titres nominatifs avant un certain nombre d'années, ou qu'il ait donné en gage, par exemple, les valeurs au porteur à des tiers, la constitution de gage n'a pas enlevé au propriétaire son droit de propriété, mais ces valeurs passent dans le patrimoine du mineur, grevées du gage et de l'obligation consentie par son auteur ; ainsi, tant que le gage subsistera entre les mains des tiers ou tant que le nombre d'années stipulées ne sera pas expiré, la conversion sera impossible ; voilà pourquoi le délai de trois mois ne courra pas pendant ce temps.

Art. 6. — Le tuteur devra faire emploi des capitaux appartenant au mineur ou à l'interdit, ou qui leur adviendraient par succession ou autrement, et ce, dans le délai de trois mois, à moins que le conseil ne fixe un délai plus long, auquel cas il pourra en ordonner le dépôt, comme il est dit en l'article précédent.

Les règles prescrites par les articles ci-dessus et par l'article 485 du Code civil, seront applicables à cet emploi.

Les tiers ne seront, en aucun cas, garants de l'emploi.

Cet article complète les obligations imposées au tuteur pour la conservation des valeurs mobilières appartenant à l'incapable.

Il ordonne l'emploi des capitaux lui appartenant ou lui advenant pendant la tutelle et prescrit pour cet emploi le même délai de trois mois, délai que le conseil a la faculté de prolonger. Si le conseil use de cette faculté, il devra ordonner le dépôt provisoire du capital soit dans une caisse publique, soit entre les mains d'une société ou d'une personne présentant les garanties suffisantes.

L'article 6 renvoie en ce qui concerne les règles de l'emploi aux articles précédents et à l'article 455 du Code civil qui ordonne que le conseil déterminera positivement la somme à laquelle commencera pour le tuteur, l'obligation d'employer l'excédant des revenus sur la dépense : cet emploi devra être fait dans le délai de six mois et maintenant de trois mois, passé lequel le tuteur devra les intérêts à défaut d'emploi.

Le § 3 de l'article 6 dit que les tiers ne seront en aucun cas garants de l'emploi ; il faut entendre par tiers les personnes que le tuteur aura chargées de faire l'emploi, comme aussi les administrateurs et gérants que le tuteur est autorisé à s'adjoindre, en vertu de l'article 454 du Code civil : mais c'est au tuteur seul qu'incombe toute la responsabilité de leurs actes ; le § 3 de l'article 6 n'est que la reproduction, sous une autre forme, de la fin de l'article 454 Code civil.

Art. 7. — Le subrogé tuteur devra surveiller l'accomplissement des formalités prescrites par les articles précédents, et devra, si le tuteur ne s'y conforme pas, provoquer la réunion du conseil de famille, devant lequel le tuteur sera appelé à rendre compte de ses actes.

L'article 7 impose au subrogé tuteur des obligations nouvelles ; le rôle effacé qu'il a d'après le droit commun devient efficace dans la nouvelle loi, qui a élargi les pouvoirs du subrogé tuteur.

Remarquons que le tuteur reste seul responsable et la loi ne demande au subrogé tuteur aucune garantie de l'exécution de son mandat.

Du reste il lui sera difficile de le remplir, en ce qui concerne par exemple l'emploi des capitaux dans les trois mois de leur encaissement ; comment pourra-t-il surveiller l'emploi puisque le tuteur peut recevoir les capitaux hors sa présence ?

Dans le cas où le tuteur ne réaliserait pas les emplois ou conversions ordonnés par les articles précédents, le subrogé-tuteur provoquera la réunion du conseil de famille, auquel le tuteur sera tenu de rendre compte de ses actes.

La loi nouvelle ne donne pas au subrogé-tuteur la faculté de déférer le tuteur au conseil de famille; elle lui en impose l'obligation, mais sa responsabilité cesse dès qu'il a déféré le tuteur au conseil de famille qui, seul, a mission de juger le tuteur, et suivant le cas, pourra d'après les règles du droit commun et en trouvant une cause d'indignité, provoquer la destitution du tuteur.

Art. 8. — Les dispositions de la présente loi sont applicables aux valeurs mobilières appartenant aux mineurs et aliénés placés sous la tutelle soit de l'administration de l'assistance publique, soit des administrations hospitalières.

Le conseil de surveillance de l'administration de l'assistance publique et les commissions administratives rempliront à cet effet les fonctions attribuées au conseil de famille; les dispositions de la présente loi sont aussi applicables aux administrateurs provisoires des biens des aliénés, en exécution de la loi du 30 juin 1838.

Notre loi s'applique aux enfants placés sous la tutelle des administrations hospitalières; ce sont les enfants trouvés, qui n'ayant pas de famille ne peuvent être soumis aux règles ordinaires du Code civil. L'arrêt de ventôse an V et le décret du 19 janvier 1811 ont réglé la situation de ces incapables; ils sont sous la tutelle de commissions administratives, un membre de cette commission est spécialement chargé des fonctions de tuteur.

Toutes les dispositions de la loi de 1880 lui sont applicables.

L'article 8 étend aussi les règles de la nouvelle loi aux individus non interdits placés dans les établissements d'aliénés. C'est la loi du 30 juin 1838 qui a créé cette nouvelle classe d'incapables. Son article 31 a conféré le droit de tutelle des individus non interdits placés dans les maisons d'aliénés à des commissions administratives qui nomment un de leurs membres pour les remplir plus spécialement. Chacune des dispositions de la loi sur l'aliénation des valeurs mobilières est applicable à ce tuteur : il en est de même de l'administration provisoire qui peut être remise à la diligence des parents de l'aliéné et remplace la commission administrative.

L'article 9 contient une disposition transitoire rendant applicable au tuteur en exercice et au mineur émancipé les dispositions de la loi de 1880.

Art. 10. — La conversion de tous titres nominatifs en titres au porteur est soumise aux mêmes formalités que l'aliénation de ces titres.

La conversion des titres nominatifs en titres au porteur n'est pas une aliénation, mais elle y conduit ; il eût été dangereux de laisser le tuteur effectuer une conversion qui lui eût permis d'aliéner le titre devenu au porteur comme et quand il aurait voulu.

A l'avenir, la conversion des titres nominatifs en titres au porteur ne pourra avoir lieu qu'en vertu d'une autorisation du conseil de famille, homologuée par le tribunal.

Les articles 11 et 12 ne contiennent aucune disposition nouvelle ; le premier déclare seulement la nouvelle loi applicable aux colonies et le second abroge la loi du 24 mars 1806 et le décret du 27 septembre 1813, ainsi que les lois qui seraient contraires aux dispositions qu'elle contient.

En résumé, cette loi qui était attendue depuis longtemps avec une légitime impatience a comblé une lacune rendue de jour en jour plus sensible par l'augmentation sans cesse croissante des valeurs mobilières ; elle a su réduire dans une juste limite le pouvoir du tuteur et protéger ainsi la fortune des incapables.

§ II

RÉGLEMENT DES DÉPENSES

Indépendamment de ces obligations spéciales et précises, la loi impose au tuteur dès son entrée en fonction une obligation générale et qui n'est pas déterminée d'une manière bien exacte : le tuteur doit administrer en bon père de famille. En droit, le bon père de famille est le type abstrait du propriétaire diligent. Sans vouloir examiner ici le degré de responsabilité du tuteur, nous pouvons dire que le tuteur est responsable de toute faute que n'aurait pas commise un bon propriétaire ; il est tenu de la faute « *in abstracto* » que l'on oppose à la faute « *in concreto.* »

Pour satisfaire à cette obligation dans toute son étendue, et conformément à l'esprit qui domine dans l'organisation de la tutelle, le tuteur doit s'attacher non seulement à conserver le patrimoine du mineur et à lui faire produire les revenus dont il est susceptible, mais encore chercher à l'augmenter au moyen d'économies à faire sur les revenus.

Afin de garantir d'une manière plus efficace les intérêts du mineur sous ce rapport, la loi a tracé des règles spéciales que nous allons examiner.

Le tuteur doit demander au conseil de famille :

1° La somme à laquelle pourra s'élever la dépense annuelle du mineur ;

2° La somme nécessaire pour l'administration de ses biens ;

3° Le point de savoir si le tuteur pourra s'aider dans la gestion d'un ou de plusieurs administrateurs salariés et qui seront sous sa responsabilité ;

4° La somme à partir de laquelle commencera pour le tuteur l'obligation de faire emploi de l'excédant des revenus pour les dépenses.

I. — Le conseil de famille doit, sur la demande du tuteur, régler la somme que le tuteur sera autorisé à dépenser pour la personne du mineur, sa nourriture, son entretien, son instruction, en un mot pour son éducation physique et morale.

Ce réglement sera fait par le conseil de famille « *ex persona, ex conditione, ex tempore pro modo facultatum.* »

On n'emploie généralement à cette dépense que les revenus et même autant que possible une partie des revenus du mineur. On pourrait cependant y consacrer une partie et même la totalité du capital, à raison des circonstances spéciales, si par exemple le mineur était doué de très brillantes qualités et qu'il y eût lieu de lui donner une instruction dont plus tard il puisse tirer un parti considérable (Demol. t. I, n° 601).

Le tuteur a, du reste, pour devoir de revenir devant le conseil de famille pour demander, s'il y a lieu, l'augmentation ou même la réduction du crédit d'abord alloué à cet effet.

L'homologation du tribunal ne serait même pas nécessaire à moins que le conseil de famille n'ait voté l'aliénation d'un immeuble, l'hypothèque d'un immeuble ou un emprunt ; elle n'est en effet requise que quand la loi l'a exigée, et dans l'hypothèse qui nous occupe aucun texte ne l'exige.

Sauf le cas où le tuteur obéit à une nécessité impérieuse, comme par exemple en cas de maladie du mineur, il ne doit pas dépasser le crédit fixé par le conseil de famille. Cependant, comme ce n'est que par « aperçu » que la somme à pu être fixée par le conseil de famille, on use d'une certaine tolérance ; mais si le tuteur avait dépensé une somme notablement supérieure, il pourrait être déclaré responsable.

La fixation d'une certaine somme destinée à l'éducation du mineur ne constitue pas pour le tuteur une dispense de justifier de l'emploi de la somme qui a été mise à sa disposition, à moins que le conseil de famille n'ait expressément traité avec le tuteur en quelque sorte à forfait.

Les père et mère tuteurs ne sont pas obligés de faire fixer préalablement par le conseil de famille la somme à laquelle devra s'élever la dépense annuelle du mineur ; cela résulte formellement des termes de l'article 454. Le législateur a pensé que l'affection paternelle était une garantie suffisante de la bonne administration du tuteur et que toutes les mesures de surveillance étaient inutiles. Cette exception étant fondée sur le caractère de père ou de mère du tuteur s'étend aux différentes époques de son administration, si bien qu'elle lui est applicable aussi bien pendant la durée de l'usufruit légal que quand cet usufruit a pris fin.

II. — Le tuteur doit également faire déterminer par le conseil de famille le montant des frais de la gestion du patrimoine du mineur (454). Ce second réglement est, comme le premier, susceptible d'augmentation ou de diminution selon que le patrimoine lui-même a augmenté ou diminué.

Le conseil basera son estimation sur la nature des biens, leur importance, la nécessité de réparations ou de travaux ; c'est assez dire que le conseil de famille a un pouvoir très réel, bien qu'indirect dans l'administration tutélaire.

III. — Dans le même acte, dit l'article 454, le conseil de famille spécifiera si le tuteur est autorisé à s'adjoindre, dans sa gestion, un ou plusieurs administrateurs, salariés, et sous sa responsabilité.

Il se peut en effet qu'en raison de la nature du patrimoine du pupille, le tuteur soit impuissant à supporter seul la charge de son administration ; peut-être le mineur est-il propriétaire d'établissements industriels ou agricoles qu'il n'a ni le temps ni les moyens d'exploiter. Le conseil de famille autorisera alors le tuteur à s'adjoindre un ou plusieurs gérants ou administrateurs ; il fixera en même temps leur salaire.

Toutefois cet administrateur étant le mandataire du tuteur, c'est à ce dernier qu'est remis le soin de son choix et de sa révocation.

On ne doit pas conclure de là que le tuteur ne peut pas sans être autorisé par le conseil de famille, donner un mandat à un tiers pour une affaire déterminée. Telle n'était pas la pensée du législateur qui voulait simplement empêcher le tuteur d'obérer de sa seule autorité, le budget du mineur en se déchargeant à son préjudice des charges que la loi faisait peser sur lui. Si le conseil de famille intervient, c'est à cause du salaire attribué à l'administrateur, c'est pour en fixer le *quantum* ; mais non pas pour imposer au tuteur un mandataire de son choix.

Le tuteur reste d'ailleurs responsable ; et le subrogé-tuteur est toujours là pour veiller à ce que les intérêts du pupille ne soient pas compromis.

Ces administrateurs sont considérés comme de véritables mandataires et toutes les règles du mandat leur sont applicables. Ils ne contractent d'obligations qu'envers le tuteur et non envers le mineur qui n'a pas d'hypothèque légale sur leurs biens, la loi n'ayant conféré cette garantie en faveur du mineur que sur le tuteur légalement institué.

Le salaire attribué à ces administrateurs nous amène à examiner la question de savoir si la tutelle est essentiellement gratuite. L'affirmative semble avoir été admise en droit romain. On n'admettait d'exception que pour le tuteur pauvre qui avait besoin de son temps et de son industrie pour vivre.

En droit français la question ne saurait être douteuse. D'après l'article 819, la tutelle est une charge personnelle, c'est-à-dire une obligation imposée à tout individu faisant partie d'une organisation sociale et qui doit être réellement étrangère à toute idée de salaire.

L'article 471 n'admet de même que la répétition des dépenses faites par le tuteur.

Les père et mère tuteurs doivent être, ce me semble, dispensés de la nécessité d'obtenir l'autorisation du conseil de famille pour s'adjoindre un administrateur salarié, et voici pourquoi.

Les père et mère tuteurs ont la libre administration de la fortune de leur enfant mineur, l'autorisation du conseil de famille n'est donc plus nécessaire pour déterminer le salaire à donner à l'administrateur qu'ils choisissent. On peut encore tirer un argument des termes de l'article 454-2°. Cet article se sert des mots, le « même acte » ; or, ce « même acte » ne concerne ni le père ni la mère.

De plus l'article 457 prévoyant de nouvelles hypothèses, les rend applicables aux pères et mères tuteurs en disant :

le tuteur, même le père ou la mère ; n'est-ce pas prouver
clairement que ces dispositions des articles précédents ne
leur sont pas applicables ? Les raisons que nous avons données ci-dessus, nous conduisent à décider que cette disposition de l'article 454 ne s'applique même pas après la
cessation de l'usufruit légal.

IV. — Enfin le tuteur doit faire déterminer par le conseil de famille la somme à laquelle commencera pour lui
l'obligation de faire emploi des revenus disponibles. Un délai qui était autrefois de six mois, et qui depuis la loi du
27 février 1870, est maintenant de trois mois, est accordé
au tuteur pour faire emploi de cette somme ; il en devra
les intérêts s'il laisse passer ce délai sans avoir rempli l'o-
bligation de faire emploi.

Il ne serait pas possible d'obliger le tuteur d'une manière
générale à faire emploi de toute somme si minime qu'elle
fût, qui tombe entre ses mains. On ne trouve en effet de
placements utiles que pour des capitaux assez considérables. Il fallait donc laisser au tuteur le temps de capita-
liser dans une certaine mesure ce qui excède sur les revenus du pupille la somme fixée pour satisfaire à sa dépense annuelle et à l'administration de ses biens. Il n'est
pas possible de déterminer *a priori*, même par aperçu, la
somme à partir de laquelle le conseil de famille devra ordonner au tuteur de faire emploi.

Il y a là une question d'appréciation qui ne peut être
résolue que par le conseil de famille seul, et dans chaque
cas particulier.

Il est bien entendu que le tuteur n'est pas obligé d'attendre l'expiration du délai de trois mois pour faire emploi. Si le tuteur a agi avec une diligence plus grande que celle qui lui est imposée, ce n'est pas lui mais le mineur qui doit en profiter : celui-ci aura le bénéfice des intérêts qui ont pu être perçus avant l'expiration du délai de trois mois.

Si le tuteur n'a pas fait déterminer par le conseil de famille la somme à laquelle doit commencer l'emploi, il devra, après le délai de trois mois, les intérêts de toute somme non employée quelque modique qu'elle soit (456).

L'application de ces principes donne lieu à une capitalisation successive des revenus pupillaires et à un compte d'une nature particulière qu'on appelle compte par échelette, auquel ne s'appliquent pas les règles relatives à l'anatocisme.

Le tuteur pourrait être personnellement débiteur du pupille, sa dette vient à échéance durant sa gestion : dans ce cas il devrait se payer de ses propres mains. Si le tuteur n'a pas payé en ses propres mains la dette échue, s'il continue à garder les deniers « *ipso facto* », les intérêts courent contre lui ; si, au contraire, il dépose à l'échéance les deniers dans la caisse pupillaire, il jouira du délai de trois mois pour faire le placement.

SECTION II

Pouvoirs du tuteur.

Représentant du mineur dans tous les actes de la vie civile, chargé de gérer son patrimoine en bon père de famille, le tuteur, si la loi n'était venue apporter aucune restriction à la généralité de sa mission aurait le pouvoir de faire seul, sans formalités spéciales et sous sa seule responsabilité, tous les actes nécessaires ou utiles à la conservation, à la mise en rapport et à l'augmentation de ce patrimoine, avec une seule exception pour les actes qui, d'après leur nature même, ayant pour résultat une diminution du patrimoine du pupille sans compensation, lui seraient absolument interdits.

Mais le législateur a été plus prudent, plus soucieux des intérêts du pupille, auquel il doit protection. Certains actes juridiques entraînent soit par eux-mêmes, soit en raison de leurs suites, des conséquences dangereuses pour le patrimoine pupillaire ; il ne fallait donc pas laisser au tuteur le droit de décider seul toutes les questions, même les plus graves, qui peuvent concerner le patrimoine du mineur ; il était même certains actes qui devaient lui être interdits d'une manière absolue, mais d'autre part on devait se garder d'un excès de précaution qui aurait eu pour résultat d'entraver sa gestion, au détriment même des intérêts que la loi veut protéger.

C'est par suite de ces considérations diverses que l'on distingue quant aux pouvoirs du tuteur, quatre catégories d'actes :

1° Il y a des actes que le tuteur ne peut pas faire du tout.

2° Des actes pour lesquels il doit obtenir l'autorisation du conseil de famille et l'homologation du tribunal.

3° Des actes pour lesquels l'autorisation du conseil de famille est nécessaire, mais suffisante.

4° Enfin des actes que le tuteur peut faire seul sous sa responsabilité.

§ I. — *Des actes absolument interdits au tuteur.*

Les actes absolument interdits au tuteur sont : l'achat des biens du mineur ; l'acceptation de la cession d'une créance ou d'un droit quelconque contre le mineur ; la donation ; le compromis ; la prise à bail des biens du mineur sous certaines restrictions.

On comprend les motifs de ces prohibitions. D'une part, il est prudent ne pas permettre au tuteur de se placer dans une situation telle qu'il ait à choisir entre son devoir et son intérêt personnel ; aussi en général lui est-il interdit de faire un acte dans lequel il a lui-même un intérêt contraire à celui du pupille. L'achat des biens du mineur, la cession d'un droit quelconque contre le mineur, la prise à bail des biens du mineur se réfèrent à ce premier ordre d'idées : cette triple interdiction frappe le tuteur plutôt comme admi-

nistrateur de son propre patrimoine que comme administrateur du patrimoine pupillaire ; c'est une exception à la
règle que le tuteur représente le mineur dans tous les actes
de la vie civile ; en effet, on ne saurait admettre qu'un
représentant pût agir dans son propre intérêt à l'encontre
même des droits de celui qu'il est chargé de représenter,
et de protéger.

D'autre part, le tuteur n'ayant qu'un pouvoir de mandataire, d'administrateur, certains actes, comme la donation, le compromis, dépassent les limites du mandat le
plus étendu, de l'administration la plus libre.

I. *Achat des biens du mineur.* — Le tuteur ne peut
pas acheter les biens du mineur (450, 1596 C. c.). La
loi ne distingue pas entre les biens meubles et les immeubles.

L'achat de gré à gré et à l'amiable est interdit comme
l'achat aux enchères dans une adjudication publique :
cependant nous devons rappeler qu'en droit romain le
tuteur pouvait devenir « *palam et bona fide* » acquéreur
des biens du pupille, et notre ancienne jurisprudence admettait qu'il y avait lieu de maintenir l'acquisition faite par le
tuteur des biens du mineur « dans une vente publique,
bonnement et sans mauvaise foi » dit Meslé. Malgré ces
précédents, la loi a voulu empêcher que le tuteur ne fût
tenté de donner des renseignements défavorables aux personnes qui auraient l'intention de se porter adjudicataires.

La prohibition de la loi s'applique aussi bien à l'adjudication sur vente volontaire faite au nom du mineur à la

requête du tuteur, qu'à l'adjudication sur expropriation forcée poursuivie à la requête des créanciers.

Cependant cette prohibition n'est pas sans exception : le mineur et le tuteur sont copropriétaires d'un immeuble, et faute de partage possible, il est procédé à une licitation ; dans ce cas là, l'adjudication au regard du tuteur copropriétaire aura pour effet de le faire considérer rétroactivement comme ayant toujours été propriétaire de tout l'immeuble (883). Ici ce n'est pas à proprement parler, le tuteur qui achète le bien du mineur, mais plutôt le copropriétaire qui exerce le droit qui lui appartient de sortir de l'indivision, et peu importe même que la licitation ait été provoquée par le tuteur ou par tout autre (Pau, 13 août 1866).

Quand les biens du mineur sont saisis et que le tuteur est créancier hypothécaire, on admet aussi qu'il peut se rendre adjudicataire ; la vente est alors poursuivie contre le subrogé-tuteur ; il paraît juste que le titre de tuteur ne paralyse point l'exercice légitime de son droit de créancier (Aix, 27 janvier 1870).

Le tuteur a-t-il contrevenu à cette prohibition, l'achat qu'il aura fait des biens du mineur sera nul, même s'il a eu lieu par personnes interposées. Mais cette nullité introduite seulement dans l'intérêt du mineur, ne serait opposable que par lui.

La prohibition des articles 450 et 1596 doit-elle être étendue au subrogé-tuteur ?

Les partisans de la négative raisonnent ainsi : les prohibitions doivent être restreintes dans les limites que la loi leur a assignées. Or, les articles 450 et 1596 ne parlent pas du subrogé-tuteur, il n'est donc pas permis d'étendre les prohibitions qu'elles édictent d'un cas à l'autre (Cour de Rouen, 27 avril 1816).

Pour soutenir l'affimative on fait remarquer que le motif sur lequel s'est basé le législateur pour établir la prohibition des articles 450 et 1596 peut aussi bien s'appliquer dans cette hypothèse. Le subrogé-tuteur doit surveiller la régularité de la vente passée par le tuteur, s'il peut se rendre acquéreur des biens de celui qu'il doit protéger son intérêt personnel se trouvera fatalement en opposition avec le devoir qu'il a à remplir.

On réfute aisément l'argument de la négative, car si on appliquait strictement le principe sur lequel s'appuie ce système, il faudrait dire que l'article 1596 ne doit pas être étendu à d'autres personnes qu'au tuteur, et ne concerne exclusivement que lui ; ce serait donc décider que le curateur d'un mineur émancipé pourrait se rendre adjudicataire des biens de celui qu'il représente. Eh bien il est de toute évidence que cette adjudication, ne pouvant être poursuivie contre l'émancipé, devra l'être contre son curateur. Il suivait donc de là, que, dans la même instance ce curateur jouerait les deux rôles opposés de partie défenderesse et d'adjudicataire, ce qui est impossible.

II. — *Le tuteur ne peut accepter la cession d'aucun droit de créance contre son pupille.*

Cette prohibition est fondée sur les mêmes motifs que

celle qui précède : on ne veut pas que le tuteur puisse spé-
culer contre les intérêts du pupille. Aussi l'interdiction
s'applique-t-elle à toute cession soit de créance, soit d'un
droit quelconque, pourvu toutefois que la créance appar-
tienne en effet au mineur lorsque le tuteur s'en est rendu
cessionnaire.

Un tiers a un droit d'usufruit sur un bien du mineur,
le tuteur ne pourrait pas se faire céder ce droit ; le tuteur
ne pourrait pas davantage se rendre acquéreur de droits
litigieux prétendus contre le mineur : en effet, le tuteur
est le contradicteur légal de ceux qui ont à exercer des
droits contre le mineur. Il pourrait arriver que le mineur
eût certains moyens de défense à opposer, et, si le tuteur
était investi de ce droit, il lui serait facile de faire disparaître ces moyens de défense.

La prohibition dont nous parlons suppose qu'il s'agit
d'une cession accomplie par contrat ; la loi ne s'appliquerait pas si le tuteur trouvait dans une succession *ab intestat* qui lui serait dévolue un droit ou une créance
contre le pupille : dans ce cas, en effet, le tuteur n'aurait
pas lui-même et volontairement fait naître la situation que
la loi veut empêcher ; il ne serait pas cessionnaire, il serait
héritier.

Il faudrait faire la même exception dans le cas où la
créance ou le droit contre le mineur serait délégué au tuteur
par testament : là encore ce ne serait pas par son propre
fait, ni par le concours de sa volonté personnelle, que le
droit ou la créance se trouverait à la disposition du tuteur.

Mais la loi prohibe-t-elle la donation à titre gratuit faite au tuteur d'un droit ou d'une créance contre le mineur? Sans doute la Nov. 72 de Justinien la prohibait ; sans doute l'article 450 est général dans ses termes et, de plus, la donation entre-vifs exige l'acceptation, c'est-à-dire le concours de la volonté du tuteur à l'effet d'acquérir le droit dont la loi lui défend l'acceptation.

Cependant nous croyons que le tuteur pourra accepter la donation. Cette hypothèse exclut, en effet, toute idée de spéculation de la part du tuteur, et c'est surtout l'esprit de spéculation et de trafic que la loi a voulu frapper.

De plus, dans le langage habituel, le mot « *cession* » employé seul s'entend en général uniquement d'une cession à titre onéreux, d'un transport, d'une vente et ce n'est pas le cas ici.

Mais aussi toutes les fois qu'il s'agit d'une véritable cession, d'une cession à titre onéreux, malgré les motifs plus ou moins légitimes qui porteraient le tuteur à acheter un droit contre son pupille, cette opération n'est pas compatible avec son droit de protection envers le mineur. Cependant nous croyons qu'on pourrait admettre la validité de la cession dans le cas où le tuteur déjà propriétaire d'une partie du droit serait devenu propriétaire du droit tout entier à titre de partage (Caen, 8 avril 1840).

Quelle est la sanction de la loi en ce qui touche cette prohibition? L'article 450 est muet à cet égard.

Quelques auteurs (Delvincourt, t. I, p. 119. — Marcadé sur l'art. 450, n° 3) disent que tout est anéanti c'est-à-dire que le pupille ne peut plus être poursuivi, ni par le cédant qui n'est plus son créancier, ni par le tuteur qui n'a pu le devenir. C'était ce que décidait la Novelle 72, et le Code a, dit-on, entendu s'y référer.

Si on se contentait de considérer la cession comme non avenue, disent les partisans de cette opinion, le pupille serait insuffisamment protégé · en effet, la loi a voulu éviter que les titres servant à la défense du mineur, ne fussent enlevés. Or la cession ayant lieu et le tuteur la croyant valable, fera disparaître les preuves de la libération du mineur ce qui permettra au cédant d'agir. Il faut donc pour protéger l'incapable que le créancier lui-même ne puisse pas agir. Nous ne saurions admettre ce système : la déchéance de la Novelle est bien rigoureuse, et il est impossible de créer une telle peine par simple voie d'interprétation. Cela se peut d'autant moins que les pays coutumiers n'avaient pas maintenu cette sanction exorbitante.

De plus, si telle avait été la pensée du législateur, il l'eût clairement énoncée comme il l'a fait dans l'article 451.

D'après une seconde opinion qui est celle de MM. de Fréminville et Zachariæ la cession est frappée d'une nullité absolue et le cédant conserve purement et simplement les droits qu'il pouvait avoir contre le pupille.

Le troisième système soutenu par M. Demolombe donne au mineur seul le droit de demander la nullité de la cession. A défaut de sanction spéciale décrétée par l'article 450, c'est d'après les principes ordinaires que la question doit être résolue. Or, celui-là seul peut se prévaloir d'une prohibition introduite dans son intérêt, au profit de qui elle a été faite : le tuteur ne peut donc pas demander la nullité pas plus que le cédant. C'est uniquement dans l'intérêt du mineur que l'article 450 a été écrit. C'est donc uniquement lui qui pourra demander la nullité de la cession s'il y a intérêt. Il pourrait y avoir intérêt, par exemple, s'il pouvait invoquer la compensation contre le cédant.

Si le mineur ne demande pas la nullité de la cession, nous croyons qu'il lui suffira, pour se faire tenir quitte par le tuteur de lui rembourser le prix. Meslé nous atteste que dans notre ancien droit français on accordait seulement « au tuteur ce que lui en avait coûté pour le prix du transport. »

Si le mineur demande la nullité de la cession, nous croyons que toutes les parties seront remises au même état que si, en effet, la cession n'avait pas eu lieu. Le mineur n'aura donc pas cessé d'être débiteur envers le cédant ; et entre le cédant et le cessionnaire il y aura lieu à la répétition de ce qui aurait été payé ou à la décharge des obligations qui auraient été prises.

Le tuteur pourrait très bien, sans violer la loi, se trouver substitué dans les droits d'un créancier du pupille contre celui-ci, dans le cas où il aurait payé de ses deniers la dette du pupille. Le tuteur fait là une avance dont il est le créancier très légitime. Quand le tuteur achète une créance contre le pupille, il spécule ; ici, au contraire, devant les menaces d'un créancier, il rend un service au pupille.

Mais il faut aller plus loin : celui qui paye la dette d'autrui peut stipuler qu'il sera subrogé dans les droits du créancier qu'il désintéresse : c'est la subrogation conventionnelle (1250, § 1).

Mais la subrogation peut aussi résulter d'un bénéfice de la loi. Celui qui étant tenu avec ou pour d'autres, paye la dette est de plein droit subrogé (1251). Sans doute, les effets de la subrogation ressemblent beaucoup à ceux d'une cession. Le subrogé peut invoquer contre le débiteur tous les droits du créancier, par exemple les hypothèques qui auraient été consenties à celui-ci. Cette analogie entre la subrogation et la cession ne doit cependant pas faire croire que l'article 450 qui interdit la cession au tuteur d'un droit contre le mineur, interdise au tuteur le bénéfice de la subrogation légale ou même conventionnelle.

Le doute n'est pas possible pour la subrogation légale. Mais il faut décider de même pour la subrogation conventionnelle. Le tuteur payant pour le compte du pupille sans y être tenu, peut se faire subroger. Ce n'est pas vraiment là une cession. La subrogation conventionnelle est simplement une modalité du payement que l'on fait de la dette d'autrui ; ce n'est pas une spéculation, un marché ; c'est la conséquence naturelle et équitable du service rendu au débiteur. Il y a là, c'est vrai, quelques-uns des dangers de la cession ; mais la loi n'a pas prohibé la subrogation. La subrogation ajoute sans doute des garanties à la créance qu'avait le tuteur contre le pupille, mais elle ne crée pas le recours qui existerait par le fait même du paiement effectué par le tuteur.

III. *Le tuteur ne peut prendre à ferme ni à loyer les biens du mineur.* — Cette prohibition est motivée par cette règle générale que le tuteur ne doit pas lui-même faire naître une lutte d'intérêts entre son pupille et lui.

Toutefois cette prohibition n'est pas absolue ; il se peut en effet que le tuteur soit le preneur le plus convenable pour les biens du pupille : aussi la loi permet-elle au conseil de famille d'autoriser le subrogé-tuteur à passer bail au tuteur des biens du mineur.

Ces baux consentis par le subrogé-tuteur au tuteur, avec l'autorisation du conseil de famille, sont soumis aux mêmes règles que les baux consentis par le tuteur lui-même à des tiers (1718).

Une fois l'autorisation accordée par le conseil de famille au subrogé-tuteur, celui-ci a qualité pour régler seul avec le tuteur toutes les conditions de ce bail, sans que l'autorisation du conseil de famille soit ensuite nécessaire à sa validité. Mais le conseil de famille, avant d'accorder son autorisation au subrogé-tuteur, a évidemment le droit de demander à connaître les clauses du bail et de n'accorder son autorisation qu'en considération de ces clauses.

Un arrêt de la Cour de Bourges, à la date du 29 décembre 1842, a décidé que cette défense de l'article 450 ne pourrait pas être éludée par une interposition de personnes (Dalloz, Rep. Alp., t. XXXII, p. 203, n° 571).

La loi ne dit pas que les biens du mineur ne peuvent

être loués à leur subrogé-tuteur, mais en donnant au conseil de famille le pouvoir d'autoriser le subrogé-tuteur d'en
passer bail au tuteur, nous pensons qu'il y a parité de raison pour décider que le conseil de famille peut, sans contre-
venir à aucune loi sur la tutelle, autoriser le tuteur à en
passer bail au subrogé-tuteur (Demolombe, t. I, n° 786).

IV. — *Les donations entre-vifs sont interdites au tuteur.*

Le Code ne prononce pas expressément cette interdiction, mais elle résulte implicitement des dispositions générales de la loi. Aucun texte n'autorisant le tuteur à faire
des libéralités, il ne peut trouver ce pouvoir dans sa mission générale, qui est, au contraire, de ne pas appauvrir,
sinon d'augmenter le patrimoine du mineur.

L'autorisation du conseil de famille, fût-elle même
homologuée par la justice, ne saurait lever cette interdiction :
le tuteur, le conseil de famille, en un mot tous les pouvoirs
de la tutelle, même lorsqu'ils sont réunis, n'exercent
qu'une sorte de mandat qui, si général, si étendu qu'on
le suppose, ne saurait comprendre les libéralités.

Mais il ne faudrait pas prendre ce mot dans un sens trop
rigoureux ; le tuteur a en effet le pouvoir d'accorder « en
bon père de famille » au nom du mineur, ces petites rému-
nérations, ces cadeaux, présents, gratifications qui d'après
nos mœurs et les usages universels de notre société, constituent moins des libéralités que des espèces de dettes de
bienséance et d'équité, et qui ne s'acquittent que sur les
revenus.

Mais cette interdiction s'applique aussi à l'abandon gratuit d'un droit du pupille ; le tuteur ne pourrait pas notamment renoncer à une prescription acquise au profit du pupille ; malgré un arrêt de la cour de Paris du· 14 juillet 1826, rendu dans des circonstances exceptionnelles, nous ne croyons pas que le tuteur, même avec l'autorisation du conseil de famille, même avec l'homologation de justice, puisse au nom du pupille, renoncer à une donation faite au mineur.

Le tuteur ne pourrait pas davantage donner main-levée d'une inscription hypothécaire, sans payement préalable de la créance pour sûreté de laquelle cette hypothèque a été prise.

V. — *Le tuteur ne peut pas faire de compromis sur les affaires du mineur.* — Le compromis est une convention par laquelle des personnes soumettent un procès qui existe entre elles à la décision d'arbitres.

Le Code civil ne renferme aucune disposition sur ce point ; mais le Code de procédure y a suppléé. D'une part, aux termes de l'article 1003 de ce Code, on ne peut faire de compromis que sur les droits dont on a la libre disposition, et d'autre part, l'article 1004 dit qu'on ne peut compromettre sur aucune des contestations qui seraient sujettes à communication au ministère public.

Par ces deux motifs, le compromis est donc absolument interdit au tuteur.

Nous verrons que la transaction lui est permise avec certaines formalités. C'est qu'en effet la différence est grande entre le compromis et la transaction : par le compromis, les parties s'en remettent absolument à la décision future et tout-à-fait inconnue, qui sera peut-être très regrettable, de simples particuliers, sans caractère public et dont aucune condition spéciale ne garantit l'aptitude. Au contraire les bases et les conditions de la transaction sont fixées et imposées au tuteur par la délibération du conseil de famille et l'homologation du tribunal, ce qui enlève tout danger de voir les intérêts de l'incapable compromis par la légéreté du tuteur.

La faculté de compromettre est tellement étrangère au mineur qu'à cet égard il y a exception au principe qui veut que l'héritier soit tenu de toutes les obligations de son auteur.

La défense de la loi est, à notre avis, si absolue que le tuteur ne pourrait pas compromettre en matière purement mobilière, même avec l'autorisation du conseil de famille, même en remplissant les formalités de l'article 467, relatif aux transactions.

§ 2.

Actes qui nécessitent l'autorisation du conseil de famille et l'homologation de justice.

Après les actes qui sont interdits au tuteur viennent certains actes dont les conséquences sont tellement graves que la loi a cru devoir ne les permettre que sous la condition de formalités rigoureuses à remplir.

S'agit-il d'emprunter, d'aliéner des immeubles du mineur, de constituer une hypothèque sur les mêmes biens, de transiger, il faut au tuteur d'abord l'autorisation du conseil de famille, puis l'homologation du tribunal et en outre certaines formalités spéciales pour chacun de ces actes.

I. *De l'emprunt.* — L'article 457 est ainsi conçu :

« Le tuteur, même le père ou la mère, ne peut emprunter pour le mineur, ni aliéner ou hypothéquer ses biens immeubles, sans y être autorisé par un conseil de famille, — cette autorisation ne devra être accordée que pour cause d'une nécessité absolue ou d'un avantage évident. — Dans le premier cas, le conseil de famille n'accordera son autorisation qu'après qu'il aura été constaté par un compte sommaire, présenté par le tuteur, que les deniers, effets mobiliers et revenus du mineur sont insuffisants. »

Nous devons remarquer tout d'abord que la loi n'a établi aucune différence entre la tutelle des père et mère, et les autres espèces de tutelles. Une distinction aurait pu être admise pour les actes d'administration, mais ici les intérêts engagés se trouveraient trop souvent compromis par un emprunt pour en laisser la responsabilité au tuteur seul, fût-il l'ascendant du mineur.

C'est toujours un acte grave même pour un majeur que de contracter un emprunt,

Emprunter au nom d'un mineur peut devenir pour lui un principe de ruine ; aussi l'article 457 dispose-t-il que tout tuteur, même le père ou la mère, ne pourra emprun-

ter pour le mineur sans une autorisation du conseil de famille.

Il faut bien le remarquer, notre article ne distingue pas ;
alors même qu'il s'agirait de faire un emprunt sans hypothèque pour payer une dette certaine et exigible, alors
même qu'il s'agirait de rembourser une dette hypothécaire
et exigible avec subrogation au profit du prêteur, l'article
457 est applicable ; l'autorisation du conseil de famille doit
intervenir.

Dans le projet du Code, on indiquait les cas dans lesquels cette autorisation pourrait être accordée : paiement
d'une dette ancienne et exigible, réparation d'une nécessité
urgente, besoin de procurer au mineur une profession ou
un établissement avantageux.

Cette énumération a été supprimée ; le conseil de famille
peut apprécier librement les causes de nécessité ; mais, dit
l'article 447, cette autorisation ne devra être accordée que
pour cause d'une nécessité absolue ou d'un avantage
évident.

Au cas de nécessité absolue, le conseil de famille devra,
avant d'accorder son autorisation, faire constater par un
compte sommaire présenté par le tuteur, que les deniers,
effets mobiliers et revenus du mineur sont insuffisants.

Nous ne pensons pas qu'on puisse soutenir que l'autorisation du conseil de famille est suffisante pour permettre
de contracter un emprunt, et que l'homologation de justice
n'est pas nécessaire : sans doute l'article 458, qui exige
l'homologation, contient les mots « à cet objet », qui dit-

on, ne se réfèrent qu'au seul cas d'aliénation dont il vient d'être question à la fin de l'article 457 ; mais cet article réunit dans la même disposition l'emprunt, l'aliénation, l'hypothèque, et sa pensée est évidemment de les soumettre aux mêmes conditions ; et selon nous, les mots « à cet objet » de l'article 458 se réfèrent au triple objet dont il vient d'être question dans l'article 457.

De plus l'article 483 exige cette homologation pour les emprunts contractés par le mineur émancipé, et il est hors de doute que cet article 483 ne fait qu'étendre au mineur émancipé les mêmes garanties que la loi avait déjà établies par les articles 457 et 458 en faveur du mineur non émancipé.

L'article 458 règle les formalités nécessaires pour obtenir l'homologation du tribunal ; il est ainsi conçu : « Les délibérations du conseil de famille relatives à cet objet ne seront consenties qu'après que le tuteur en aura demandé et obtenu l'homologation devant le tribunal de première instance, qui y statuera en la chambre du conseil et après avoir entendu le procureur de la République. »

Le tuteur est donc chargé de poursuivre l'homologation, nous dit cet article ; mais *quid* s'il ne remplit pas son obligation ? L'article 887 Code procédure, nous répond que si le tuteur n'a pas demandé l'homologation dans le délai fixé par la délibération ou, à défaut de fixation, dans le délai de quinzaine, un des membres du conseil pourra poursuivre l'homologation contre le tuteur et aux frais de celui-ci, sans répétition.

Le jugement sera rendu sur le rapport d'un juge commis par le président (art. 885, C. pr.), mais l'article 458 n'exige pas qu'il soit prononcé en audience publique ; on statuera dans la chambre du conseil, c'est-à-dire dans le lieu ordinaire des délibérations du tribunal. Il n'y a aucune nécessité de publier le jugement : il s'agit d'affaires de famille dans lesquelles le tribunal n'intervient que pour sanctionner ou empêcher ce qui a été proposé au nom du pupille. Et il faut décider ainsi malgré l'article 111 qui veut que tout rapport se fasse à l'audience. « Notre article est spécial pour le cas qu'il prévoit, dit Marcadé, et à ce titre sa disposition doit l'emporter : *specialia derogant generalibus* » (Marcadé, t. II, sur l'art. 458).

Certains auteurs ont également soutenu, et M. Toullier est partisan de ce système, que pour contracter certains emprunts, essentiellement utiles aux intérêts du mineur, l'homologation du tribunal n'était pas nécessaire ; on donne pour exemple l'emprunt sans hypothèque pour payer une dette certaine et exigible ou pour rembourser une dette hypothécaire avec subrogation au profit du préteur, (Toullier, t. II, n° 1223).

Cette distinction n'est pas admissible ; un semblable système a l'avantage d'éviter au mineur les frais de l'homologation, mais l'article 457 est trop formel, ses termes sont trop précis pour qu'on puisse s'en écarter (Demol. t. I, n° 729).

II. — *De l'aliénation des biens immeubles du mineur.*

Le tuteur ne peut vendre les immeubles du mineur

qu'en vertu d'une autorisation du conseil de famille, homologuée par justice.

Comme dans le cas d'un emprunt, cette autorisation ne doit être accordée que pour nécessité absolue ou avantage évident.

La nécessité doit ici encore être constatée par un compte sommaire constatant l'insuffisance de l'actif mobilier du pupille.

Le conseil de famille doit indiquer les immeubles qui peuvent être vendus de préférence, et d'après l'article 953 du Code de procédure, il doit indiquer aussi la nature des biens et leur valeur approximative. Il résulte des termes de cet article que cette condition est seulement applicable à l'aliénation des immeubles : les mêmes raisons de l'exiger existent cependant quand il s'agit d'une constitution d'hypothèque. On explique cette contradiction de la loi en faisant remarquer qu'à l'époque où fut rédigé l'article 457, on ignorait quelles seraient les bases du système hypothécaire et que si l'article 457 garde le silence relativement à l'hypothèque c'est que sans doute on ne voulut alors rien préjuger.

Les délibérations du conseil de famille ne sont consenties qu'après homologation de justice.

Le second alinéa de l'article 954 du Code de procédure nous permet de décider que le tribunal compétent pour accorder cette homologation est celui du siège de la tutelle et non celui de la situation des immeubles.

Il est statué sur la demande d'homologation par le tribunal, après avoir entendu le procureur de la République en la chambre du conseil.

La vente, après autorisation du conseil et homologation du tribunal, a lieu aux enchères publiques, dans des formes réglées d'abord par l'article 459, puis modifiées par les articles 953-960 du Code de procédure civile. Sans entrer dans le détail de cette procédure de vente de biens de mineurs, nous indiquerons seulement que la vente, qui, d'après l'article 459 C. C., devait être faite en présence du subrogé-tuteur, peut être faite tant en son absence qu'en sa présence dès qu'il a été appelé, c'est-à-dire dès que le jour, le lieu et l'heure de l'adjudication lui ont été notifiés un mois d'avance, avec avertissement qu'il y sera procédé tant en son absence qu'en sa présence.

Ce n'est pas seulement en cas de vente proprement dite que sont applicables les articles 457 et 458 ; nous croyons qu'ils doivent s'appliquer à toute aliénation d'une manière quelconque d'un immeuble ou d'un droit immobilier appartenant au mineur : établissement d'un emprunt sur un immeuble, d'une servitude passive, renonciation à une servitude active, aliénation de mines ou carrières ; il a même été jugé que ces conditions d'homologation et d'autorisation étaient nécessaires pour que le tuteur pût valablement proroger le délai fixé pour l'exercice d'un réméré (Cass. 18 mai 1813).

Sans doute, dans plusieurs de ces cas, l'accomplissement des formalités judiciaires prescrites pour l'aliénation des immeubles des mineurs ne sera pas possible, mais ce ne sont pas là des conditions nécessaires et indispensables.

Aussi, pensons-nous, malgré certains auteurs, que l'é-
change sera parfaitement possible après autorisation et homologation, bien que cet acte ne puisse se faire qu'à l'a-
miable.

Les règles dont nous venons de parler ne sont prescrites
qu'en ce qui concerne les aliénations volontaires. Il y a des
cas où l'aliénation d'immeubles peut être faite sans autorisation du conseil de famille ou homologation. Les exceptions dont nous allons parler constituent tout ce que l'on
appelle des aliénations forcées.

Un immeuble appartient par indivis à un mineur et à
d'autres propriétaires (1686). Si la licitation est provoquée
par un copropriétaire du mineur, l'autorisation du conseil
de famille homologuée par justice n'est pas nécessaire, car,
aux termes de l'article 815, « nul n'est tenu de rester dans
l'indivision. »

Si c'était le tuteur ou le mineur en son nom qui voulût
provoquer le partage, il y aurait lieu d'appliquer non pas
les articles 457 et 458, mais l'article 465 : le tuteur devait
simplement être autorisé par le conseil de famille.

Mais, dans l'un et l'autre cas, la licitation, dispensée des
formalités des articles 457 et 458, ne sera pas dispensée
de la forme des enchères publiques (460), les étrangers y
seront nécessairement admis. Quand la licitation a lieu
entre copropriétaires majeurs et capables, ils peuvent procéder dans telle forme qu'il leur convient (985, C. pr.),
en outre ils peuvent y procéder entre eux, à l'exclusion

d'étrangers, c'est-à-dire de personnes non copropriétaires.

Toutefois, il suffit que l'un d'entre eux réclame l'admission des étrangers pour que cette admission devienne nécessaire. Au contraire quand un mineur se trouve parmi les co-propriétaires, les deux règles s'appliquent nécessairement : admission des étrangers, vente dans les formes prescrites par le Code de procédure civile.

Si l'un des immeubles du mineur est saisi à la requête de ses créanciers, aucune autorisation n'est nécessaire pour la vente de cet immeuble. Mais les créanciers poursuivant la vente ne pourront aliéner l'immeuble saisi qu'après avoir discuté le mobilier.

Les règles des articles 457, 458 ne sont pas davantage applicables en matière d'expropriation pour cause d'utilité publique. La loi du 3 mai 1851 a établi en cette matière des règles spéciales : « Les tuteurs peuvent, après autorisation du tribunal donnée sur simple requête à la Chambre du conseil, le ministère public entendu, consentir amiablement à l'aliénation des biens compris dans les plans déposés ou dans les modifications admises par l'administration supérieure. »

Dans ce cas, le tribunal qui donne l'autorisation ordonne les mesures de conservation qu'il juge nécessaires.

Le tuteur n'a même besoin d'aucune autorisation pour rejeter les offres de l'administration et pour procéder sur la demande en réglement de l'indemnité devant le jury spécial.

III. *De l'hypothèque.* — L'article 457 défend d'une manière absolue au tuteur d'hypothéquer les immeubles du mineur sans autorisation du conseil de famille dûment homologuée.

Nous savons que le tuteur seul ne pouvait pas contracter ou emprunter même sans consentir d'hypothèques : de même il ne pourrait pas consentir d'hypothèque même sans emprunter ; il ne pourrait pas, par exemple, constituer seul une hypothèque au profit d'un ancien créancier, ni au profit du créancier d'un tiers.

La disposition de notre article n'est relative qu'à l'hypothèque conventionnelle, émanant de la loi elle-même directement ou indirectement, les hypothèques légales et judiciaires grèvent les immeubles des majeurs sans aucune condition ni formalité spéciale.

En cas d'aliénation d'immeubles le conseil de famille doit, avons-nous vu, indiquer les immeubles qui devront être vendus de préférence et toutes les conditions qu'il jugera utiles ; nous avons dit plus haut que le conseil de famille devra donner les mêmes indications lorsqu'il s'agit d'hypothèque : la raison est, en effet, la même, car l'hypothèque renferme le germe d'une aliénation.

Les règles relatives à la constitution d'hypothèque s'appliquent également à la constitution d'un droit réel quelconque, notamment d'un usufruit, d'une servitude, d'une antichrèse sur les immeubles du mineur ; en admettant toutefois que l'antichrèse doive être considérée comme un droit réel.

IV. — *De la transaction*. — La transaction est un acte par lequel deux parties terminent un différend né ou préviennent une contestation à naître en se faisant des concessions réciproques (2044, C. c.).

C'est généralement un acte de sagesse, mais qui présente certains dangers. Aussi la loi ne permet-elle au tuteur de transiger au nom du pupille qu'en remplissant certaines formalités.

La transaction comporte d'abord des concessions réciproques de la part des parties. Un autre motif doit la faire considérer comme un acte très important, pouvant avoir de graves conséquences pour les intérêts du mineur. La transaction n'est pas susceptible de rescision pour cause de lésion (art. 2052). On a considéré que les concessions excessives faites par l'une des parties pouvaient avoir pour motif des considérations morales, telles que la crainte d'un procès, le désir d'en éviter non-seulement les suites fâcheuses, mais encore les contrariétés et les ennuis.

De là la nécessité des formalités de l'article 467, ainsi conçu : « Le tuteur ne pourra transiger, au nom du mineur, qu'après y avoir été autorisé par le conseil de famille et de l'avis de trois jurisconsultes désignés par le Procureur de la République, près le tribunal de première instance. La transaction ne sera valable qu'autant qu'elle aura été homologuée par le tribunal de première instance, après avoir entendu le Procureur de la République. »

Il ne suffira donc plus du consentement du conseil de famille, l'homologation de justice elle-même n'habilitera pas le tuteur. Il faut à la fois l'autorisation du conseil de famille et l'avis de trois jurisconsultes désignés par le Procureur de la République, l'homologation du tribunal après conclusion du ministère public.

Le mot « jurisconsulte » dont se sert l'article 467 est un mot bien vague, ne représentant ni une situation, ni une profession légale; si les rédacteurs du Code ont employé ce mot, c'est que, à l'époque de la rédaction du Code, l'ordre des avocats, supprimé par l'article 10 de la loi du 2 septembre 1790, n'avait pas encore été rétabli; mais il est certain que par l'expression « jurisconsulte » les rédacteurs du Code ont voulu désigner les avocats.

Ainsi, dans la pratique, le Procureur de la République désigne-t-il toujours des avocats anciens, c'est-à-dire des avocats exerçant depuis dix ans au moins près un des tribunaux de la cour d'appel (495, C. pr.).

Le tuteur ne peut transiger que de l'avis de trois jurisconsultes. Suffit-il que le tuteur soit conseillé? Importe-t-il peu que l'avis des trois jurisconsultes soit favorable ou défavorable? Nous croyons que si les avocats consultés n'approuvaient pas le projet de transaction, le tribunal ne pourrait pas homologuer l'autorisation donnée par le conseil de famille.

Pour nous, les mots « de l'avis » signifient non pas

seulement « après avoir pris l'avis », mais « conformément à l'avis, à l'adhésion ». Bien plus, il semble bien résulter de la formule de l'article 467 que l'avis des trois avocats devrait être unanime, car il ne s'agit pas d'un jugement ni d'une délibération dans lesquels la majorité l'emporte sur la minorité, mais de trois opinions individuelles dont la loi exige la garantie dans l'intérêt du mineur.

Bien que généralement le tuteur prenne l'avis des trois avocats avant de demander au conseil de famille son autorisation, ce qui est naturel, puisque l'avis des trois avocats est de nature à éclairer la religion du conseil, le texte de l'article 467 n'établit pas un ordre rigoureux dans l'accomplissement de ces conditions. L'homologation judiciaire corrigera d'ailleurs ce qu'il pourrait y avoir eu d'irrégulier dans la manière dont elles auraient été remplies.

Le mot « transiger » de l'article 467 nous paraît devoir s'appliquer à toute espèce de transaction, quel que puisse être l'objet de la contestation, meuble ou immeuble (Paris 14 août 1871).

Régulièrement, l'autorisation de conseil de famille et l'homologation du tribunal, ayant pour but d'habiliter le tuteur à consentir un acte ou à réaliser une opération, doivent être obtenues avant la réalisation. Cependant, on comprend très bien que le conseil de famille et le tribunal puissent approuver par une autorisation et une l'homologation postérieures un acte passé par le tuteur.

Mais quel est le rôle du tribunal chargé de donner son homologation? A-t-il le pouvoir de modifier la délibération du conseil qui lui est soumise et de substituer aux mesures adoptées par le conseil des mesures qui lui paraîtraient plus efficaces ou plus opportunes ? Nous croyons qu'en agissant ainsi le tribunal dépasserait la limite de ses attributions et manquerait même le but que la loi a eu en vue lorsqu'elle l'a fait intervenir.

Si en effet la loi exige pour certaines actes une double formalité, c'est pour obtenir une double garantie dans l'intérêt du mineur ; le tribunal chargé d'homologuer ne peut donc que rejeter la délibération : il n'a qu'un pouvoir d'examen et de surveillance, et non pas un véritable pouvoir de juridiction qui lui permette d'infirmer et de réformer.

Ce qui ne veut pas dire cependant que le tribunal, tout en homologuant, ne pourrait pas prescrire certaines mesures secondaires et accessoires, relatives par exemple à l'emploi du prix qui proviendrait de la vente d'un immeuble du mineur.

III

Actes que le tuteur ne peut faire qu'avec l'autorisation du conseil de famille, mais pour lesquels cette autorisation est suffisante.

Le tuteur ne peut sans l'autorisation du conseil de famille :

1° Accepter ou répudier une succession échue au mineur ;

2° Accepter une donation ;

3° Introduire une action relative aux droits immobiliers du mineur, ni acquérir une demande relative à ces mêmes droits ;

4° Intenter une demande en partage.

5° Vendre des rentes, actions, parts d'intérêts, obligations et généralement tous les meubles incorporels appartenant au mineur (Loi du 24 février 1880).

Examinons chacun de ces différents cas :

D'après l'article 461, le tuteur ne peut ni accepter une succession échue au mineur, ni y renoncer sans l'autorisation du conseil de famille. Cette règle s'applique sans aucun doute à la succession *ab intestat*, il faut aussi l'appliquer au legs universel et à titre universel.

L'acceptation doit toujours être faite sous bénéfice d'inventaire. On pourrait croire alors que la loi a pris une précaution inutile en exigeant l'autorisation du conseil de famille ; il n'en est pas ainsi cependant : l'acceptation d'une succession, quoique faite sous bénéfice d'inventaire, peut devenir très onéreuse pour l'héritier ; en effet, l'acceptation même sous bénéfice d'inventaire impose à l'héritier l'obligation de rapport envers ses cohéritiers et le rend vis-à-vis des créanciers du défunt responsable de l'administration de l'hérédité. C'est pour ce motif que la loi tout en établissant que l'acceptation ne pourrait avoir lieu que sous bénéfice d'inventaire a cependant exigé l'autorisation du conseil de famille.

M. Delvincourt a soutenu que l'autorisation du conseil de famille n'était pas suffisante pour permettre au tuteur de répudier une succession échue au mineur et qu'il fallait de plus l'homologation du tribunal. Répudier une succession, dit-il, c'est aliéner certains droits parmi lesquels il en est d'immobiliers ; or pour aliéner des droits immobiliers, l'homologation du tribunal est nécessaire (Delvincourt, t. I, p. 125, note 1).

Nous ne suivrons pas ce système : lorsque le législateur a exigé l'homologation du tribunal, il s'en est formellement exprimé, et je crois qu'il est impossible de suppléer à son silence dans la matière qui nous occupe. Remarquons d'ailleurs que logiquement on ne peut assimiler la renonciation à une succession à une aliénation immobilière : la loi déclare bien l'héritier saisi, mais il a toujours le droit d'accepter ou de renoncer. La saisine est subordonnée à la condition d'une acceptation ultérieure.

« Les héritiers du degré subséquent qui ont accepté au défaut du mineur ne pourraient sans injustice être privés de la succession après avoir été soumis à toutes ses charges. Dans le silence de la loi sur l'homologation, ils ont dû accepter de confiance : le législateur n'a pu vouloir leur tendre au piège. Certainement, ils ne pourraient se faire relever de leur acceptation sous prétexte que la répudiation au nom du mineur n'était pas valable et qu'ils ont ainsi accepté sans droit acquis : on leur répondrait qu'ils n'ont pas à se prévaloir de l'inobservation d'une formalité qui en supposant qu'elle fût prescrite, ne l'était pas dans leur intérêt : or pour qu'il y ait justice, il faut que la loi soit égale pour tous • (Duranton, t. III, n° 577).

L'acceptation d'une succession est irrévocable, notre législation n'admet pas la « *restitutio in integram* » du mineur contre les actes régulièrement faits par son représentant.

Quant à la renonciation, même faite régulièrement, sans doute elle est irrévocable en principe (482), mais il est permis de revenir sur cette renonciation tant qu'un autre héritier appelé par cette renonciation n'aura pas accepté. Ces dispositions sont l'application générale de l'article 790 Code civil. Le successible quelconque qui revient sur sa renonciation doit respecter tous les actes régulièrement faits pendant le temps de la vacance de la succession. Cette règle de l'article 790 est appliquée au mineur, mais il y a entre les deux articles 462 et 790 une différence de rédaction qui a fait naître une controverse.

L'article 790 dit que le successible doit respecter « les droits acquis par prescription ». L'article 462 ne parle pas pour le mineur de la nécessité de subir ces droits acquis par prescription. Il fait seulement mention des « ventes et autres actes qui auraient été légalement faits durant les vacances. » Quelques auteurs soutiennent qu'il y a là une différence entre le majeur et le mineur. On fait remarquer que cette doctrine est l'application de la règle générale de l'article 2212 qui suspend la prescription à l'égard des mineurs, et dit-on, le mineur doit être considéré comme ayant été héritier du jour de l'ouverture de la succession.

Nous ne croyons pas cette doctrine exacte ; nous appliquerons dans tous les cas l'article 790 ; il y a ici une exception aux principes généraux en matière de prescription. Cette exception est très légitime : la succession a été répudiée pour le compte du mineur. C'est une grande faveur que la loi fait au mineur en lui permettant de revenir sur sa renonciation. Il est vrai que l'article 462 n'est pas explicite, mais elle dit : « La succession devra être prise dans l'état où elle se trouve. » Si donc la prescription a été invoquée contre le curateur à la succession vacante, le mineur sera obligé de respecter l'état de fait.

Si le tuteur avait accepté purement et simplement, même avec l'autorisation du conseil de famille, une succession échue au mineur, ou s'il l'avait acceptée sans cette autorisation, quoique sous bénéfice d'inventaire seulement, l'acceptation pourrait être arguée de nullité dans l'intérêt du mineur.

La renonciation faite sans autorisation du conseil de famille pourrait l'être également et il en serait ainsi alors même que la renonciation aurait été autorisée par le tribunal, car cette autorisation ne saurait suppléer celle du conseil de famille.

II. — La donation faite au mineur ne pourra être acceptée par le tuteur qu'avec l'autorisation du conseil de famille.

Pourquoi demander ici l'autorisation du conseil de famille ? Il s'agit en effet d'un acte très avantageux au mineur, d'une acquisition à titre gratuit. Sans doute ; mais pour toute donation, fût-elle même sans charge, il importe d'apprécier quels motifs l'ont déterminée ; dans une certaine mesure, la donation peut exposer le donataire à une demande d'aliments de la part du donateur (955, 3) ; enfin la donation peut être accompagnée de charges qui exigent qu'avant de l'accepter on y réfléchisse et qu'on l'examine.

Mais le père, la mère ou tout autre ascendant, lors même qu'il n'est pas tuteur, peut accepter seul et sans autorisation du conseil de famille la donation faite au mineur. L'ascendant tuteur pourra donc, et *a fortiori*, accepter seul la donation, non pas en vertu de l'article 463, mais en vertu de l'article 935 ; il n'est pas admissible en effet que son titre de tuteur lui enlève un droit que lui confère son droit d'ascendant.

La donation faite par le tuteur au mineur devrait être acceptée soit par le subrogé-tuteur autorisé à cet effet par le conseil de famille (420 et 463), soit même par un tuteur *ad hoc* nommé par le conseil (art. 936).

En ce qui concerne l'acceptation de legs à titre particulier, dans le silence du Code civil nous croyons une distinction nécessaire : à l'égard de tout tiers débiteur du legs particulier (1017) mobilier, le tuteur a qualité pour demander la délivrance seul et sans autorisation ; si le legs particulier avait pour objet un immeuble, les tiers débiteurs de ce legs pourraient par voie d'exception dilatoire, exiger qu'il représentât une autorisation (464).

Dans ses rapports avec le conseil de famille, il fera bien de demander une autorisation, afin d'agir en délivrance de tout legs particulier fait au mineur, ce serait même pour lui un devoir si le legs était grevé de charges ; en aucun cas, il ne pourrait répudier un legs sans l'autorisation du conseil de famille.

III. — Le tuteur devra demander l'autorisation du conseil de famille pour introduire en justice une demande relative aux droits immobiliers du mineur et acquiescer à une demande relative à ces mêmes droits.

« Aucun tuteur », dit le texte de l'article 464 : cette prescription s'applique donc même au père ou à la mère, ou à tout autre ascendant tuteur.

L'autorisation est exigée de tout tuteur qui veut introduire une instance immobilière, l'autorisation ne sera donc pas nécessaire pour défendre à une instance même immobilière, pour suivre ou reprendre une action immobilière précédemment introduite, pour employer les voies légales de recours contre la décision judiciaire (Caen, 3 août 1872).

La loi se montre plus facile pour l'acquiescement que pour la transaction. Cependant l'acquiescement semble un acte plus grave que la transaction, puisque par l'acquiescement on abandonne tous ses droits ; mais l'acquiescement suppose qu'il est hors de doute, incontestable, que la demande de l'adversaire est fondée, lorsqu'on transige, au contraire, c'est qu'on a des raisons sérieuses de douter de l'issue bonne ou mauvaise du procès ; la loi pense, avec raison, que le tuteur et le conseil de famille ne sont pas souvent aptes à juger les questions délicates qui peuvent rendre avantageuse une transaction.

La loi ne parle pas de l'exercice des actions relatives à l'état du mineur ; on s'est demandé si l'on ne devait pas refuser absolument au tuteur le droit de les exercer, Nous croyons au contraire que la règle de l'article 450 s'appliquera toutes les fois que la loi n'y aura pas fait exceptiou (318) ; mais il faudra au tuteur une autorisation du conseil de famille pour exercer ces actions ; il y a là un « a fortiori » à tirer de la règle que la loi a donnée pour les actions immobilières.

IV. — Le mineur peut se trouver intéressé dans un partage, soit parce qu'il aura recueilli une succession, soit parce qu'il a des biens dépendant d'une communauté, d'une société. — Comment sortir de cette situation ? L'article 465 pose cette double règle : 1° le tuteur ne pourra intenter l'action en partage au nom du mineur qu'avec l'autorisation du conseil de famille ; 2° mais pour défendre à l'action en partage le tuteur n'aura besoin d'aucune autorisation.

On applique la même règle que pour les actions immobilières, alors même que le partage ne s'appliquerait qu'à des choses exclusivement mobilières : les universalités de meubles sont en général traitées par la loi comme des immeubles.

Le conseil de famille autorise le tuteur à intenter une action en partage ; mais cette autorisation ne saurait habiliter le tuteur à consentir au partage ; le partage devra être fait en justice ; il n'y a pas de partage amiable possible lorsqu'un mineur y est intéressé.

Cependant il y a une distinction à faire : notre règle ne s'entend que du partage définitif. Mais il y a aussi des partages provisionnels ; ces partages ne portent que sur la jouissance ; ils créent une situation à laquelle on peut toujours mettre fin en provoquant un partage qui portera sur la propriété. Pour le partage provisionnel, le tuteur n'a même pas besoin de l'autorisation du conseil de famille.

Le partage définitif, au contraire, ne peut se faire qu'en justice.

Parmi les formes que prescrit l'article 466, il y a une expertise préalable. Cette nécessité de faire précéder le partage d'une expertise est aujourd'hui modifiée par l'article 970-2° du C. de pr. c. Le tuteur pourra faire procéder au partage sans expertise préalable.

Enfin dans l'article 466, on voit que les experts devaient recevoir la mission de procéder à la formation des lots ; d'autre part, au titre des successions (828), cette mission est attribuée au notaire devant lequel les parties sont renvoyées par le juge commissaire. La contradiction a disparu depuis les articles 975 et 976 du Code de procédure civile, qui font une distinction : s'il y a eu des experts nommés et que les droits des parties soient dès à présent liquidés, les experts procéderont à la formation des lots ; s'il n'a pas été nommé d'experts, ou s'il en a été nommé, mais qu'il existe des contestations sur l'établissement des comptes, on renvoie les parties devant un notaire, qui présidera à la liquidation des droits des parties et à la formation des lots.

Qu'arrivera-t-il si le tuteur a procédé au partage sans procéder aux formalités légales ? Le partage sera considéré comme provisionnel, dit l'article 840. Le partage irrégulièment fait par le tuteur, quand il sera annulé et remplacé par un partage définitif, conservera son effet dans le passé quant à la jouissance.

« Tout autre partage, dit l'article 466 « *in fine* » ne sera considéré que comme provisionnel. » Cela veut-il dire que tout partage irrégulier pourra être tenu comme non avenu pour la propriété même par les copropriétaires du mineur? La question est controversée. Nous pensons que si l'intention a été pour les parties de faire un partage définitif, même sans observer les formes légales, le mineur seul doit avoir qualité pour demander que ce partage ne soit considéré que comme un partage provisionnel. Le principe posé par l'article 1125, à savoir : que les personnes capables de s'engager ne peuvent opposer l'incapacité du mineur avec qui elles ont contracté, doit s'appliquer ici et nous croyons qu'il faut lire ainsi la fin de l'article 466 : « tout autre partage sera provisionnel » mais à l'égard de qui? à l'égard du mineur seul.

V. — Le tuteur ne peut aliéner sans autorisation du conseil de famille les rentes, actions, part d'intérêts, obligations et généralement tous les meubles incorporels appartenant au mineur.

Avant la loi du 28 février 1880 que nous avons examinée plus haut il était nécessaire d'examiner si le mineur était

propriétaire d'un titre de rente supérieur à cinquante ou
de plusieurs actions de la Banque de France pour savoir
si l'autorisation du conseil de famille était nécessaire ; la loi
de 1806 et le décret de 1813 étant abrogés, l'autorisation
du conseil de famille est nécessaire dans tous les cas. Nous
n'insisterons pas sur les dispositions de la loi qui nous régit
actuellement en cette matière puisque nous avons eu plus
haut l'occasion de les étudier.

§ IV. — *Actes pour lesquels le tuteur a le droit d'agir*
sans aucune autorisation.

Le Code nous fait connaître soit explicitement, soit implicitement certains actes que le tuteur peut faire seul sans
l'autorisation du conseil de famille, sans l'homologation de
justice. Ces actes, nous les énumérerons tout à l'heure.
Mais tout d'abord nous croyons devoir résoudre la question
suivante.

Le tuteur pour le cas où la loi est muette doit-il être
considéré comme ayant reçu tous pouvoirs par cela seul
que ces pouvoirs n'ont pas été limités ? Ou, au contraire le
tuteur n'est-il qu'un administrateur général dont les pouvoirs ne peuvent excéder les limites de l'administration ?

Pratiquement, la question s'est posée à l'occasion de la
vente des meubles incorporels autres que les rentes sur
l'État et les actions de la Banque de France. Le mineur
est propriétaire d'un fonds de commerce, ou bien il a

des actions dans des compagnies de finances, de commerce ou d'industrie, ou bien encore il est créancier, ou bien il est crédi-rentier sur des particuliers. Le tuteur peut-il vendre ces meubles incorporels sans autorisation? A une certaine époque on voit la jurisprudence refuser ce droit au tuteur (Cass. 12 déc. 1856 ; Dalloz, 56, 1, 18).

Mais une jurisprudence toute récente de la Cour de cassation s'est prononcée en sens contraire (Arrêt du 4 août 1873 ; Dal. 75, 5, 468). Cet arrêt pose en principe que la loi a énuméré les actes pour lesquels le tuteur avait besoin d'autorisation. Nous croyons cette doctrine exacte. Le mandat du tuteur est général : c'est lui qui est chargé d'administrer les biens du mineur; ce n'est pas seulement la pure administration qui lui est confiée.

Le Code civil a spécifié positivement les différents actes pour lesquels le tuteur devra obtenir soit l'autorisation du conseil de famille, soit l'homologation du tribunal ; d'où la conséquence que, pour les actes à l'égard desquels le Code n'a exigé que l'autorisation du conseil de famille, le tuteur n'a pas besoin de l'homologation, comme pareillement il n'a besoin ni de l'autorisation du conseil de famille, ni de l'homologation du tribunal pour les actes à l'égard desquels le Code n'a exigé ni l'une ni l'autre.

Cette doctrine est si bien celle du Code civil que le législateur, se préoccupant des dangers que pouvait avoir en pareille matière une trop grande liberté laissée au tuteur, a songé à donner de sérieuses garanties à la fortune mobilière. A l'époque où le Code était rédigé la fortune mobilière était presque insignifiante et les rédacteurs du Code avaient encore présent à l'esprit le vieil adage du droit coutumier : « *Vilis mobilium possessio.* » On sait quel développement considérable a pris depuis soixante ans la fortune mobilière. Ce nouvel état de choses réclamait donc la création de protections nouvelles et spéciales pour la fortune mobilière du mineur. Tels sont les motifs qui avaient déterminé le dépôt d'un projet de loi relatif à l'aliénation des valeurs mobilières appartenant aux mineurs et aux interdits et à la conversion de ces mêmes titres en valeurs au porteur, projet de loi qui devait amener la loi de 1880, laquelle régit actuellement la matière qui nous occupe.

Si donc le législateur est aujourd'hui obligé d'intervenir pour dire que l'autorisation du conseil de famille sera nécessaire pour l'aliénation par le tuteur des droits mobiliers du pupille, c'est que le Code n'exigeait pas cette autorisation.

Cette règle admise, nous allons parcourir les actes principaux que le tuteur a le droit de faire seul. Nous ne donnerons pas certainement une énumération complète ; mais pour ceux des actes dont nous ne traiterons pas spécialement, il nous suffira d'avoir posé la règle d'après laquelle le tuteur a le droit de faire seul les actes pour lesquels la loi n'a pas exigé l'autorisation du conseil de famille.

Il peut faire seul tous les actes relatifs à l'entretien et à la culture des biens.

Il peut consentir des baux de neuf ans au maximum

(1718, 1427, 1429). En outre, il a le droit de renouveler pour cette période les baux non encore terminés, trois ans avant leur expiration, s'il s'agit de biens ruraux, deux ans avant leur expiration, s'il s'agit de biens urbains.

Je suppose que le tuteur a excédé ses pouvoirs; il a consenti un bail de plus de neuf ans; quelle sera la sanction? S'il s'agit du mari donnant à bail les biens de la femme, ce bail fait par lui au-delà de neuf ans, devra s'exécuter tant que durera la communauté; c'est seulement si la communauté vient à se dissoudre, que la femme ou ses héritiers ont le droit de ne pas exécuter complètement le bail, mais seulement pour la fin de la période de neuf ans en cours d'exécution au moment de la dissolution de la communauté.

Cette règle doit-elle s'appliquer aux baux consentis par le tuteur? Oui, dit la Cour de cassation (7 janvier 1865, Dal. 65, 1, 219). Cette doctrine ne nous paraît pas acceptable. Le bail fait par le tuteur au-delà de neuf années n'a pas de valeur pour ce qui excède la durée de neuf années; la nullité peut être demandée même pendant la tutelle par le tuteur lui-même agissant au nom du mineur. Quand il s'agit des propres de la femme commune, le mari en a la jouissance comme chef de la communauté; la femme ne peut pas avoir à se plaindre tant que dure un état régulièrement créé pendant la communauté. Tout autre est la fonction du tuteur; il n'est qu'administrateur pour le compte du pupille; au-delà de neuf années, il a dépassé ses pouvoirs.

Le tuteur peut d'ailleurs faire les baux avec les clauses et conditions diverses que ces sortes de contrats comportent ; il peut stipuler, par exemple, que les fermages seront payés soit en argent pour la totalité, soit pour partie seulement en argent et pour partie en fruits. Mais nous ne croyons pas que le tuteur ait le droit de stipuler que le preneur paiera par anticipation les loyers ou fermages.

Quant aux coupes de bois, sont-elles mises en coupes réglées et dépendent-elles d'un domaine, le tuteur peut alors les affermer avec le domaine dont ils sont une dépendance. Si, au contraire, les bois mis en coupes réglées ne font pas partie d'un domaine, nous croyons que le tuteur fera bien d'observer pour leur vente les formalités prescrites par l'article 452.

Mais, s'ils ne sont pas mis en coupes réglées, les bois sont considérés alors non pas comme des fruits, mais comme une partie intégrante de l'immeuble lui-même ; donc le tuteur devra remplir les formalités de l'article 457 pour vendre ces bois.

On n'a jamais mis en doute que le tuteur puisse faire seul toutes les réparations d'entretien et les obligations personnelles contractées par lui pour cette cause envers les architectes et ouvriers sont exécutoires sur tous les biens meubles et immeubles du mineur.

Quant aux grosses réparations, le tuteur peut les faire sans autorisation ; mais il sera toujours très prudent au tuteur de la demander, et ici encore nous pensons que les obligations contractées par le tuteur envers les entrepre-

neurs pourront s'exécuter même sur ceux des biens du mineur que le tuteur n'aurait pu aliéner sans autorisation.

Le tuteur peut certainement payer seul les dettes du
mineur, non seulement les intérêts ou arrérages, mais encore les capitaux : c'est à lui qu'il appartient d'examiner
et de vérifier la légitimité de la dette réclamée contre le
mineur. Si le tuteur est lui-même créancier du mineur, il
doit se payer de ses propres mains.

C'est également le tuteur qui est seul chargé de recevoir
tout ce qui est dû au mineur ; non-seulement les revenus.
fruits ou intérêts, mais les capitaux sans en excepter les
remboursements de rentes. La conséquence en est qu'il
peut donner valable décharge aux débiteurs, aux cautions,
consentir la radiation des inscriptions pour privilège et
hypothèque qui garantissent la créance dont il reçoit le
paiement, et même prendre part comme créancier au nom
du mineur dans un concordat.

Le tuteur qui serait débiteur du mineur, devrait a fortiori, payer lui-même sa dette aussitôt après l'échéance.

Bien entendu, le tuteur ne peut pas faire de remise aux
débiteurs, mais le tuteur pourrait de sa propre autorité
proroger le délai dans lequel les débiteurs doivent se libérer.

Le tuteur a qualité pour faire seul et sans autorisation
du conseil de famille l'emploi des deniers du mineur, et
il peut faire cet emploi soit en immeubles, soit en rentes,
soit en prêts ordinaires, de la manière qui lui paraît la
plus sûre et la plus avantageuse, le tout sous sa responsabilité.

Cette doctrine n'est sans doute pas approuvée par tous les commentateurs ; mais nous croyons que, dans l'état actuel du droit, le conseil de famille ne peut limiter les pouvoirs du tuteur en ce qui concerne l'emploi des deniers pupillaires que dans les cas limitativement déterminés par la loi.

Il est en effet certaines circonstances dans lesquelles le mode d'emploi pourrait être déterminé soit par le conseil de famille, soit par le tribunal : nous voulons parler des cas prévus par les articles 457 et 460. Dans le cas d'expropriation, nous avons vu que c'était le tribunal lui-même qui indiquait le mode d'emploi.

Si le Code ou les lois postérieures ont pris soin de dire que dans certains cas, l'emploi des deniers ne serait pas laissé à l'appréciation du tuteur, c'est que, dans les cas non déterminés, les pouvoirs du tuteur ne sont pas soumis, au moins directement, au contrôle du conseil de famille.

On peut du reste tirer argument en faveur de notre opinion du § 2 de l'article 1er de la loi du 28 février 1880. « Le conseil de famille, y est-il dit, en autorisant l'aliénation, prescrira les mesures qu'il jugera utiles. »

Cette disposition fait bien voir que le Code n'avait pas admis d'une manière générale le contrôle du conseil de famille sur l'emploi à faire par le tuteur des fonds pupillaires.

Le tuteur peut aussi agir seul en justice au nom du mineur, même pour intenter comme demandeur des actions mobilières, et il peut répondre seul aux actions immobilières intentées par des tiers contre le mineur.

Les actions possessoires étant des actions immobilières, on en a conclu que l'article 464 était applicable et que l'autorisation du conseil de famille était nécessaire au tuteur pour les intenter seul. Nous croyons que le tuteur peut intenter seul toutes les actions possessoires. La loi elle-même met les actions possessoires au rang des actes conservatoires (1428).

CHAPITRE IV

EFFETS DES ACTES PASSÉS PAR LE TUTEUR

Après avoir examiné quels sont les pouvoirs du tuteur relativement au patrimoine du mineur, nous avons à examiner quels sont les effets et la portée des actes valablement passés par le tuteur. Cet examen comporte deux questions : quelle est, d'abord, la situation respective du tuteur et du mineur vis-à-vis des tiers à la suite d'un acte passé par le tuteur ? En second lieu, dans quelle mesure le tuteur est-il responsable à l'égard du mineur des actes par lesquels il l'a obligé envers les tiers ?

§ 1.

Du principe posé par l'article 450 que le tuteur représente le mineur dans les actes civils résulte que lorsque le tuteur agit au nom du mineur celui-ci est censé être intervenu personnellement. De là, ce brocard : « *factum tutoris, factum pupilli.* » La loi montre aux tiers dans la personne du tuteur le représentant autorisé du mineur, et il est rigoureusement de l'intérêt du pupille que les tiers soient assurés de contracter valablement avec le tuteur, comme ils le pourraient faire avec le mineur devenu majeur.

Toutefois le dol, les délits, ou quasi-délits que le tuteur a pu commettre au cours de sa gestion n'engagent en aucune manière le mineur vis-à-vis des tiers. Nous supposons, bien entendu, qu'aucun avantage n'est résulté pour lui des délits ou quasi-délits du tuteur, car s'il en était autrement les tiers pourraient exercer une action *de in rem verso* contre le mineur jusqu'à concurrence du profit qu'il en aurait retiré. Mais les fautes commises par le tuteur dans l'exécution des engagements ou obligations valablement passés au nom du mineur sont à la charge de celui-ci dans ses rapports avec les tiers. Les jugements rendus contre le tuteur sont censés avoir été rendus contre le mineur lui-même, et celui-ci ne serait pas recevable à les attaquer après la tutelle.

Mais ici il faut tenir compte de la disposition de l'article 481, Code procédure civile qui décide que « les mineurs sont encore reçus à se pourvoir s'ils n'ont été défendus ou s'ils ne l'ont été valablement ». Il faut aussi se rappeler l'article 444 du même Code, qui dispose que les délais pour interjeter appel ne courront contre le mineur non émancipé que du jour où le jugement aura été signifié tant au tuteur qu'au subrogé-tuteur quand même ce dernier n'aurait pas été mis en cause. A défaut de cette double signification le mineur ne sera pas déchu du droit d'appel, et le jugement ne pourra acquérir l'autorité de la chose jugée.

Le tuteur n'est à l'égard des tiers, personnellement tenu à aucune obligation, à raison des actes passés dans la mesure de ses pouvoirs. Le principe dans notre droit en matière de mandat est que le mandataire oblige son mandant sans s'obliger lui-même.

Le mineur est donc, en principe, tenu vis-à-vis des tiers de tous les actes du tuteur, bons ou mauvais, dès lors qu'ils ont été passés valablement. Le mineur pourra seulement se faire restituer contre un acte qui n'aura pas été passé par le tuteur avec les formalités voulues par la loi. Car si les formalités ont été observées, quelque lésion qu'il en résulte, l'acte est inattaquable, sauf, bien entendu, dans ce cas, la responsabilité du tuteur vis-à-vis du mineur.

§ II.

Le tuteur administrera les biens du mineur en bon père de famille et répondra des dommages-intérêts qui pourraient résulter de sa mauvaise gestion. Cette disposition de l'article 450 nous oblige à rechercher à quel degré de faute commencera pour le tuteur la responsabilité dont il est ici question.

L'article 1992 dit que la responsabilité du mandataire relative aux fautes est appliquée moins rigoureusement à celui dont le mandat est gratuit qu'à celui dont le mandat est salarié. On pourrait croire que le tuteur étant un mandataire gratuit, sa responsabilité doit être atténuée ; mais,

d'autre part, l'article 450 dit qu'il doit administrer en bon
père de famille, donc sa responsabilité ne peut pas être restreinte à sa faute lourde. Cela est d'autant plus juste que
le mineur ne choisit pas son tuteur. Celui-ci sera donc tenu
de sa faute légère ; il en sera tenu « in abstracto » en
sorte que s'il est peu diligent dans ses propres affaires, cela
n'empêchera pas qu'il soit obligé d'apporter aux affaires du
mineur des soins plus assidus.

A l'effet de garantir les intérêts du mineur, le droit
romain imposait au tuteur l'obligation de donner au début
de la tutelle la caution « rem pupilli salvam fore » : un
engagement semblable était exigé du tuteur dans notre
ancien droit français.

Notre Code n'a pas cru devoir maintenir cette garantie
donnée au mineur contre la mauvaise gestion du tuteur, et
elle pouvait, en effet, paraître de peu d'importance à côté
de l'hypothèque légale qui frappe de plein droit tous les
biens du tuteur. Cette hypothèque légale et générale a pour
objet d'assurer le paiement de toutes les sommes dont le
tuteur est débiteur envers le mineur par suite de sa gestion, dont il est tenu en qualité de tuteur, ou même en
qualité de débiteur ordinaire, si l'exigibilité de sa dette est
survenue pendant la tutelle.

L'action du mineur pour le forcer à lui rendre son
compte de tutelle n'est plus perpétuelle comme en droit
romain, ni trentenaire comme dans notre ancien droit ; elle
se prescrit aujourd'hui par dix ans à partir de l'époque de
la tutelle.

Dès que la tutelle finit, le tuteur doit rendre compte de son administration. « Tout administrateur doit rendre compte à celui dont il gère le patrimoine ou à ses représentants : l'obligation de rendre compte s'impose donc à tout tuteur. » C'est là un principe d'équité. Il était si rigoureux que la volonté d'un testateur, ce testateur fût-il le père ou la mère du mineur, ne pourrait y déroger. L'article 469 est formel sur ce point. « Tout tuteur, dit-il, est comptable de sa gestion quand elle finit. » Cependant, s'il s'agit du père ou de la mère tuteur, ils n'auront pas à rendre compte des fruits et intérêts qui sont le bénéfice de leur jouissance légale.

A qui doit être rendu le compte de tutelle ? Nos textes supposent généralement qu'il est rendu au mineur devenu majeur ; mais, si la tutelle finit par l'émancipation (480), le mineur émancipé ne peut recevoir son compte qu'avec l'assistance de son curateur.

S'il y a un autre tuteur nommé, c'est lui qui reçoit le compte sans aucune autorisation. Mais beaucoup d'auteurs admettent que le second tuteur devrait recevoir le compte de la précédente tutelle en présence du subrogé-tuteur : on dit que le compte de la tutelle répondant à l'inventaire que doit faire le tuteur au commencement de la tutelle, la présence du subrogé-tuteur exigée pour cet inventaire doit l'être aussi pour cette reddition de compte (451).

Le dernier tuteur se trouve par le fait obligé de rendre compte de la gestion de tous les tuteurs qui l'ont précédé, car il est responsable des comptes qu'il a faits avec eux.

Le compte de tutelle peut être rendu à l'amiable ; en cas de contestation, la justice intervient. Dans le projet du Code, en avait voulu faire intervenir le conseil de famille ; mais cette disposition a été repoussée, et l'article 473 déclare qu'il n'y a aucune procédure spéciale pour le règlement du compte de tutelle.

Cependant la loi a organisé un système de protection pour l'ancien mineur qui veut traiter avec son ex-tuteur. L'ancien mineur se trouve en présence d'un homme qui aura sur lui une influence morale très grande, qui connaît tous les éléments du compte qu'il a à rendre ; il y a aussi à tenir compte de l'inexpérience du mineur qui pourrait lui être funeste, de là, les sages dispositions de l'article 472 : aucun arrangement ne peut intervenir entre le tuteur et l'ancien mineur qu'après un délai de dix jours suivant la réception du compte et des documents justificatifs. Tout autre traité est nul ; mais cette nullité ne s'applique qu'à toute convention se référant aux rapports nés de la tutelle.

Cette portée restrictive de l'article 472 est indiquée par l'article 2045 au titre des transactions : le mineur ne peut transiger avec le tuteur sur le compte de tutelle qu'en se conformant à l'article 472.

Le délai de dix jours dont parle l'article 472 se constate au moyen d'un récépissé délivré par l'ex-mineur. Il ne suffirait pas, pour valider un traité, que ce traité contînt la déclaration que le compte a été reçu plus de dix jours auparavant.

Mais rien n'est plus facile que d'antidater le récépissé ?
Ne faut-il pas qu'il ait date certaine ? le législateur aurait
sagement fait de l'exiger ; mais, dans l'état de la loi ; cela
est impossible ; un acte sous-seing privé dont l'écriture est
reconnue a entre les parties la même force probante qu'un
acte authentique. Mais l'ex-mineur qui voudrait attaquer le
traité aurait le droit de demander à prouver qu'il y a eu
antidate, malgré l'article 1322, car il y a ici une fraude de
la loi, et la fraude peut être prouvée par tous les moyens
possibles.

Les règles de l'article 472 s'appliquent-elles à tous les
cas où il y a compte de tutelle ? toutes les fois que le
compte de tutelle n'est pas rendu au mineur lui-même
mais à ses héritiers ou à un autre tuteur, l'article 472 ne
s'applique pas sans aucun doute.

Si le compte est rendu par les héritiers du tuteur, nous
appliquerons l'article 472.

Le compte de tutelle est un état de recettes et dépenses
avec pièces justificatives et une balance. Il n'y a pas de règles rigoureusement déterminées pour la justification des
dépenses.

Le tuteur doit-il faire figurer dans son compte les sommes
dont il serait débiteur envers le pupille pour une cause
étrangère à sa gestion ? Nous dirions : oui, si elles étaient
exigibles au cours de la tutelle, le tuteur débiteur doit
« a semtipso exigere » ; non si elles ne sont devenues exigibles que quand la tutelle a pris fin. Le maniment de
ces sommes se trouve garanti par l'hypothèque légale ; il ne

se produit pas cependant par une véritable novation dans le titre du mineur contre le tuteur. Le mineur peut avoir intérêt à invoquer son ancien titre au point de vue de la prescription (475) « *ex alia causa* », la prescription s'accomplit par trente ans.

Le compte entraîne des frais ; le mineur les supporte et le tuteur les avance. Mais si le tuteur était destitué, comme la nécessité d'un compte résulte de sa faute, les frais du compte devraient être mis à sa charge. Si le compte donnait lieu à des contestations sur tel ou tel article (130 C. pr. civ.), les frais des contestations spéciales devraient être mis à la charge du perdant quel qu'il soit.

Le compte rendu, la balance se solde par un reliquat qui peut être dû par le mineur au tuteur ou réciproquement ; si le tuteur est débiteur du reliquat, le paiement en est garanti par l'hypothèque légale du mineur. Par dérogation au droit commun (453) ce reliquat produit des intérêts sans demande du jour de la clôture du compte. Si le mineur en est au contraire débiteur, les intérêts seront dus non pas à partir d'une demande en justice mais après une simple sommation.

POSITIONS

DROIT ROMAIN

I. — Même à l'époque classique, la limite de l' « *infan-tia* » est déterminée par l'âge fixe de sept ans.

II. — La règle : « *Tutor personœ, non rei vel causœ datur* » signifie seulement que le tuteur complète par son « *auctoritas* » la personnalité du pupille.

III. — Le tuteur est responsable de sa faute « *in abstracto.* »

IV. — L'engagement contracté par le pupille sorti de l'*infantia*, mais sans l'« *auctoritas tutoris* », produit une obligation naturelle.

V. — Il y a lieu de généraliser quant aux aliénations « *quœ non sponte tutorum fiunt* » les dispositions de l'*Oratio Severi*.

DROIT FRANÇAIS

I. — Le tuteur n'a pas un pouvoir exclusif en ce qui touche l'éducation du pupille ; le conseil de famille intervient.

II. — Pour passer un contrat d'apprentissage au nom du pupille, le tuteur n'a pas besoin du consentement personnel du pupille.

III. — Le tuteur ne peut pas être dispensé de faire inventaire des biens d'une succession échue au pupille, même alors que le pupille n'est pas héritier à réserve du testateur.

IV. — Le tuteur usufruitier légal qui a gardé les meubles après estimation est libéré lorsqu'il fait la preuve que ces meubles ont péri par cas fortuit.

V. — Le tuteur peut donner une procuration spéciale; il ne peut conférer un mandat général.

VI. — Le tuteur peut se faire subroger à une créance contre son mineur.

VII. — Le prescription a couru au profit des débiteurs et des détenteurs des biens héréditaires d'une succession échue au mineur, jusqu'au moment où le tuteur a accepté la succession après y avoir renoncé.

VIII. — Le tuteur peut faire seul tous les actes pour lesquels la loi ne l'a pas expressément soumis à la nécessité d'obtenir une autorisation.

IX. — Les baux faits par le tuteur en dehors de ses pouvoirs ne sont valables que pour neuf ans, et le tuteur qui a consenti un bail de plus de neuf ans peut l'attaquer lui-même au nom du pupille.

X. — Le tuteur peut, sans autorisation, exercer les actions immobilières possessoires.

DROIT CRIMINEL

I. — Le tuteur qui dissipe les fonds pupillaires est passible des peines portées aux articles 406 et 408, C. pénal.

II. — La victime d'un délit ou d'un crime commis par le pupille peut, sans assigner le tuteur, se porter partie civile à l'audience et obtenir contre le pupille une condamnation à des dommages-intérêts.

DROIT INTERNATIONAL

I. — Le mineur étranger n'a pas d'hypothèque légale sur les biens que son tuteur étranger possède en France.

II. — Un tuteur nommé à un mineur français peut exercer ses pouvoirs sur les biens que le mineur français possède à l'étranger.

DROIT ADMINISTRATIF

I. — Les rivières non navigables ni flottables sont des *res nullius* qui n'appartiennent à personne, mais dont l'usage appartient à tous.

DROIT DES GENS

I. — La naturalisation du mari en pays étranger n'entraîne pas pour la femme la perte de sa nationalité.

Vu par le Président de la thèse,
TOUTAIN.

Vu par le Doyen,
DEMOLOMBE.

Vu et permis d'imprimer,
Le Recteur,
LIARD.

Imprimerie A. DERENNE, Mayenne.— Paris, boulevard Saint-Michel, 52.

Imprimerie A. DERENNE, Mayenne. — Paris, boulevard Saint-Michel, 52.

www.ingramcontent.com/pod-product-compliance
Lightning Source LLC
Chambersburg PA
CBHW071658200326
41519CB00012BA/2550